Viel Spaß mit Deutsch!

Kursbuch + Arbeitsbuch
Mit CD zum Üben
Deutsch für Anfänger

A1

『**Viel Spaß mit Deutsch!**』(Stufe A1)는 초보자가 **쉽고 재미있게** 학습하도록 만들어진 **기초독일어 교재**로 유럽공통어학인증시험 *Start Deutsch 2·Zertifikat Deutsch* 의 첫 단계 시험 *Start Deutsch 1*이 요구하는 어휘·문장·문법을 토대로 아래 네 가지에 주의를 기울였다.

첫째, 독일어원서교재의 장점을 최대한 살리면서 **실용적인 생활회화** 학습에 역점을 두었다.
둘째, 학습상황이 유럽과 다른 국내학습자를 위해 **기초문법**을 우리말로 요약 첨부했다.
셋째, **시청각적 효과**를 극대화했고 듣기·읽기·쓰기연습을 위해 **원어민이 읽는** CD를 첨부했다.
넷째, **대학의 교양독일어교재**로 한 학기 내지 두 학기 강의에 탄력 있게 사용할 수 있도록 편성하였다.

교재는

A Kursbuch: 기본문장(A)과 응용문장(B·C·D)으로 구분한 12과 **텍스트**와 **기초문법**
B Arbeitsbuch: **연습문제, 표로 읽는 문법**
C 듣기텍스트
단어장과 **노래** 그리고 CD로 구성되어있다.

저자들은『**Viel Spaß mit Deutsch!**』가 독일어 기초실력을 쌓으려는 학습자들에게 즐거움과 유용함을 제공하기를 바란다.

기초독일어 교재『Viel Spaß mit Deutsch!』를 만든 사람들
장혜순 이경규 홍순희
김경미 (그림과 디자인)
Rainer Völlmerk (듣기텍스트와 CD)

목차 _ Inhalt

알파벳 _ Buchstaben

Aa **B**e **C**e **D**e **E**e e**F** **G**e **H**a **I**i **J**ot **K**a e**L** e**M** e**N**

Oo **P**e **Q**u e**R** e**S** **T**e **U**u **V**au **W**e i**X** **Y**psilon **Z**et

Ä a-umlaut **Ö** o-umlaut **Ü** u-umlaut **ß** Eszet

모음 _ Vokale

단모음	**a**	[a]	hallo	Mantel	alt
		[a:]	Bad	Tag	Vater
	e	[ɛ]	Essen	Herr	Eltern
		[e:]	leben	gehen	Fehler
		[ə]	Name	haben	geben
	i	[ɪ]	Milch	Tisch	Zimmer
		[i:]	Ihnen	Kino	Liter
	o	[ɔ]	Woche	Tochter	Sport
		[o:]	Obst	Sohn	Monat
	u	[ʊ]	Mutter	und	kurz
		[u:]	Uhr	Buch	Kuchen
	y	[ʏ]	Physik	sympathisch	Gymnasium
		[y:]	Typ	zynisch	Lyrik
		[j]	ja	Yacht	Yoga
		[i]	Hobby	Zylinder	Calypso
변모음 Umlaut	**ä**	[ɛ]	März	Äpfel	Getränk
		[ɛ:]	Käse	spät	Hähnchen
	ö	[œ]	möchten	Köln	zwölf
		[ø:]	Öl	Möbel	schön
	ü	[ʏ]	München	Küche	fünf
		[y:]	Frühstück	Gemüse	Übung
복모음	**ai ay**	[aɪ]	Mailand	Mai	Bayern
	ei ey	[aɪ]	eins	zwei	Meyer
	au	[aʊ]	August	auch	Haus
	eu äu	[ɔʏ]	heute	Deutsch	Fräulein
	ie	[i:]	Sie	Miete	Liebe
		[iə]	Familie	Italien	Ferien
이중모음	**aa**	[a:]	Staat	Aal	Saal
	ee	[e:]	See	Tee	Meer
	oo	[o:]	Boot	Moos	doof

자음 _ Konsonanten

b	[b]	haben	sieben	Brot
	[p]	halb	gelb	Urlaub
c	[k]	Café	Cousine	Cola
	[ts]	circa	Cello	Celsius
ch	[ç][x]	ich	Chemie	auch
	[k]	Charakter	Christ	Chaos
	[ʃ]	Chef	chic	Chanson
ck	[k]	Stück	Picknick	dick
chs	[ks]	Erwachsene	sechs	Wachstum
d	[d]	das	Bilder	Freude
	[t]	Kind	Bild	Freund
f	[f]	Film	Bahnhof	fahren
g	[g]	Garten	Morgen	Gemüse
	[k]	Zug	Tag	Salzburg
-ig	[ç]	Honig	billig	König
h	[h]	Hallo	Hotel	Herd
	[묵음]	gehen	Sahne	Kuh
j	[j]	Jacke	Juni	jung
k	[k]	kalt	können	kochen
l	[l]	Lampe	Fall	Maler
m	[m]	Musik	warm	Baum
n	[n]	Nacht	nicht	Mann
nk ng	[ŋ]	danken	Wohnung	singen
p	[p]	kaputt	Party	Pause
ph	[f]	Physik	Philosoph	Telephon
pf	[pf]	Apfel	Pfeffer	schimpfen
qu	[kv]	bequem	Quittung	Quadratmeter
r	[r]	Radio	Reise	Narr
s	[s]	Haus	Maus	Fenster
	[z]	Sohn	Saft	Sommer
ss ß	[s]	muss	Fuß	groß
sch	[ʃ]	schlafen	Tisch	Schule
sp- st-	[ʃp][ʃt]	sprechen	Spiel	Student
t	[t]	August	Tomate	Tür
	[ts]	Nation	Station	Aktion
ts tz	[ts]	nichts	Katze	nützlich
v	[f]	Vorname	Vater	Vorsicht
	[v]	Universität	Klavier	Violine
w	[v]	warum	wollen	Wasser
x	[ks]	Taxi	Examen	Text
z	[ts]	Zimmer	tanzen	umziehen

Lektion 5 Ich suche eine Wohnung!

Themen	주 제	문 법
Suchen Sie ein Zimmer?	방을 구하세요?	복합동사 umziehen aussehen
Wann müssen Sie umziehen?	당신은 언제 이사를 해야 하죠?	화법조동사 müssen wollen
Ich will das Haus anschauen.	이 집을 보고 싶습니다.	형용사의 비교급과 최상급
Es gibt hier einen Tisch.	여기에 책상이 하나 있어요.	비인칭대명사 es
Wollen Sie das Sofa kaufen?	그 소파를 사기를 원하세요?	3격 지배 전치사 seit
Mein Computer ist kaputt.	내 컴퓨터가 고장났어요.	대명사 3·4격

Lektion 6 Was machen Sie heute?

Themen	주 제	문 법
Was machen Sie jetzt?	당신은 지금 무엇을 하죠?	복합동사 aufstehen einladen
Was soll ich tun?	내가 무엇을 해야만 하죠?	화법조동사 sollen
Wie spät ist es jetzt?	지금 몇 시죠?	불규칙동사 schlafen treffen
Wie lange schlafen Sie?	얼마동안 주무십니까?	의문부사 wie lange
Ich gehe ins Kino.	나는 영화관에 갑니다.	3·4격 지배 전치사 in
Jeden Tag sehe ich fern.	나는 매일 TV를 봅니다.	부정대명사 jed-

Lektion 7 Was ist Ihr Hobby?

Themen	주 제	문 법
Was ist Ihr Hobby?	당신의 취미는 무엇이죠?	복합동사 vorschlagen
Ich schlage vor.	제안합니다.	불규칙동사 fahren lesen
Welches Auto haben Sie?	어떤 자동차를 갖고 계시죠?	의문대명사 welch-
Warum schwimmen Sie nicht?	당신은 왜 수영을 안하지요?	warum weil denn
Das ist eine schöne Musik.	그것은 아름다운 음악입니다.	형용사변화
Ich höre gern deutsche Lieder.	나는 독일가곡을 즐겨 듣습니다.	부정대명사 ein- kein- welch-

Lektion 8 Schöne Ferien!

Themen	주 제	문 법
Wann machen Sie Urlaub?	언제 휴가를 가시죠?	복합동사 abholen einpacken
Holen Sie mich ab?	나를 데리러 오시죠?	종속접속사 wenn
Wissen Sie, wo Berlin liegt?	베를린이 어디 있는지 아세요?	kennen과 wissen
Ich kenne die Stadt nicht.	나는 그 도시를 몰라요.	명령문
Wie ist das Wetter heute?	오늘 날씨가 어때요?	대등접속사 nicht~, sondern~
Wenn es regnet, tue ich~.	비가 오면, 나는 ~합니다.	부정대명사 man

Lektion 9 Wie komme ich zum Bahnhof?

Themen	주 제	문 법
Wie komme ich zur Post?	우체국에 어떻게 가나요?	전치사+관사
Neben der Bank ist das Kino.	은행 옆에 영화관이 있어요.	3·4격 지배 전치사
Gehen Sie geradeaus!	직진해서 가세요!	4격 지배 전치사
Gegen 9 Uhr kommt der Bus.	9시 경에 버스가 옵니다.	방향을 나타내는 부사
Gehen Sie in das Theater?	극장에 가세요?	시간을 나타내는 부사
Ich fahre mit dem Zug.	나는 기차를 타고 갑니다.	교통수단을 나타내는 전치사

Lektion 10 Was wollen Sie nach dem Studium machen?

Ich will Lehrer werden.	나는 선생님이 되고 싶습니다.	werden 동사
Ich werde Musik studieren.	나는 음악을 전공할 것입니다.	미래시제
Er interessiert sich für Autos.	그는 자동차에 흥미가 있어요.	재귀동사와 재귀대명사
Er beschäftigt sich mit Autos.	그는 자동차에 몰두합니다.	전치사와 의문·지시대명사
Wenn ich reich wäre, ~.	내가 부자라면, ~ 할텐데.	접속법 II 식
Was ist Ihr Traumberuf?	당신이 꿈꾸는 직업은 뭐죠?	부정수사 viel- wenig-

Lektion 11 Was haben Sie gestern gemacht?

Ich war gestern in Köln.	나는 어제 쾰른에 갔어요.	sein haben 동사의 과거형
Ich hörte gestern Musik.	나는 어제 음악을 들었어요.	규칙동사의 과거형
Ich ging gestern ins Konzert.	나는 어제 콘서트에 갔어요.	불규칙동사의 과거형
Ich bin in Köln gewesen.	나는 쾰른에 갔어요.	동사의 현재완료형
Ich habe Musik gehört.	나는 음악을 들었어요.	sein haben 동사의 현재완료형
Ich habe ferngesehen.	나는 TV를 보았어요.	비분리동사의 현재완료형

Lektion 12 Briefe und Lebenslauf schreiben

편지 이력서쓰기

A

Viel Spaß mit Deutsch!

Kursbuch

Lektion 1

Guten Tag!

A

◇ Guten Tag!
Ich heiße Sabine Bauer.
Wie heißen Sie?

◆ Guten Tag!
Ich heiße Harry Potter.

◇ Woher kommen Sie, Herr Potter?

◆ Ich komme aus England.
Kommen Sie aus Deutschland, Frau Bauer?

◇ Ja, ich komme aus Deutschland.

◇ Wo wohnen Sie?

◆ Ich wohne in London.
Und Sie?

◇ In Berlin.

◇ Was sprechen Sie, Herr Potter?

◆ Ich spreche Deutsch und Englisch.

◇ Sie sprechen aber gut Deutsch.

◆ Nein, nur ein bisschen.
Was machen Sie, Frau Bauer?
☞ Was sind Sie von Beruf?

◇ Ich studiere.

sprechen wohnen machen heißen
kommen lernen buchstabieren

◇ Guten Tag, Frau Bauer.
Wie geht es Ihnen?

◆ Danke, es geht mir gut.
Und Ihnen?

◇ Auch gut.

◇ Auf Wiedersehen, Frau Bauer.
☞ ☏ Auf Wiederhören.

◆ Wiedersehen!

○ Tschüs, Sandra.

* Wie heißen die Städte von Deutschland?

B
◇ Hallo. Mein Name ist Jochen.
Und wer bist du?
◆ Ich bin Julia.
◇ Woher kommst du, Julia?
◆ Aus der Schweiz, aus Zürich.
◇ Wo wohnst du, Jochen?
◆ In Wien, in der Königstraße.

◇ Hallo, Julia! Wie geht es dir?
◆ Danke, gut. Und dir?
◇ Super!

◇ Was machst du hier?
◆ Ich studiere.
☞ Ich lerne Deutsch.
◇ Ah ja. Was studierst du?
◆ Musik.

C
◇ Hallo. Ich bin Inga.
◆ Hallo. Freut mich.
Ich heiße Paul.
◇ Wie bitte?
◆ Paul. Ich buchstabiere P-A-U-L.

◇ Wie ist Ihr Familienname?
◆ Mein Familienname ist Kim.
◇ Wie ist Ihr Vorname?
◆ Mein Vorname ist In-Ho.

◇ Wie geht's?
◆ Danke, super!
sehr gut.
gut.
Na ja, es geht nicht so gut.
schlecht.

D Wie heißt die Hauptstadt von Deutschland? Berlin.

Wo liegt Berlin?	In Brandenburg.
Wo liegt München?	In Bayern.
	München liegt in Süddeutschland.

Welche Staatsangehörigkeit haben Sie? Koreanisch.

Wohnen Sie in Europa?	Nein, ich wohne in Asien.
Wohnen Sie in Afrika?	Nein, ich wohne in Amerika.

* Begrüßung

Guten Morgen!	6 Uhr - 11 Uhr
Guten Tag!	11 Uhr - 18 Uhr
Guten Abend!	18 Uhr - ...
Gute Nacht!	

Morgen

Tag

Nachmittag

Abend

Nacht

Land/Hauptstadt	**Mann/Frau**	**Sprache**	**Fahne**
in **Deutschland/Berlin**	der Deutsche die Deutsche	Deutsch	
in **Österreich/Wien**	der Österreicher/-in	Deutsch	
in **China/Peking**	der Chinese die Chinesin	Chinesisch	
in den **U.S.A./Washington**	der Amerikaner/-in	Englisch	
in **England/London**	der Engländer/-in	Englisch	
in der **Schweiz/Bern**	der Schweizer/-in	Deutsch	

*** Üben Sie zu zweit: Fragen Sie und antworten Sie!**

☆☆☆ Wie heißen Sie?
☞ Wie ist Ihr Name?
Woher kommen Sie?
Wo wohnen Sie?
Was machen Sie?
☞ Was sind Sie von Beruf?
Wie geht es Ihnen?
Was sprechen Sie?
☆ Was studieren Sie?
Wo liegt Berlin?
Wie schreibt man das?

*** Schreiben Sie drei Sätze!**
Benutzen Sie die folgenden Wörter und Wendungen!

sein heißen kommen wohnen machen sprechen studieren
Vorname Familienname wie was wo woher wer

Grammatik 문법 1

1 인칭대명사와 sein 동사의 현재인칭변화 : 2인칭 존칭 Sie는 대문자로 쓴다.

Wer sind Sie? Ich bin Sandra Bauer.
Wer bist du? Ich bin Felix.
Wer ist das? Das ist Jürgen.

인칭대명사			단수 Singular
1 인칭	ich	(나)	bin
2 인칭	du	(너)	bist
3 인칭	er	(그)	ist
	sie	(그녀)	ist
	es	(그것)	ist
2 인칭 존칭	Sie	(당신)	sind

2 동사의 현재인칭변화(규칙변화) : 동사의 부정형은 어간과 어미(-en)로 이루어진다.

부정형 / 인칭대명사	kommen	machen	heißen	wohnen
ich	komm**e**	mach**e**	heiß**e**	wohn**e**
du	komm**st**	mach**st**	heiß**t**	wohn**st**
er sie es	komm**t**	mach**t**	heiß**t**	wohn**t**
Sie	komm**en**	mach**en**	heiß**en**	wohn**en**

3 의문부사 Wer sind Sie?

wie (어떻게) — **Wie** heißen Sie?
Wie ist Ihre Adresse?
Wie geht es Ihnen?
wer (누구) — **Wer** sind Sie?
woher (어디로부터) — **Woher** kommen Sie?
wo (어디에서) — **Wo** wohnen Sie?
was (무엇) — **Was** machen Sie?
Was sprechen Sie?

4 전치사 aus in von

aus ~ 으로부터 — Ich komme aus Korea.
in ~ 에 — Ich wohne in Korea, in Daegu.
von ~ 의 — Seoul ist die Hauptstadt von Korea.

5 유용한 표현

Ah ja Na ja aber und nur auch Freut mich ein bisschen wie bitte

독일의 명소 1 Heidelberg

Heidelberg 대학도서관

Schloss와 Alte Brücke가 보이는 Heidelberger Altstadt

Schloss

Schloss에서 바라본 Altstadt

Uni-Platz

Neue Universität

Lektion 2

Meine Familie ist lieb.

A Meine Familie I

Sag mal, wer bin ich?

Ich bin Anna.
Ich bin zwanzig Jahre alt.
Ich bin in Köln geboren.
Ich bin Studentin.
Ich lerne Deutsch.
Ich wohne jetzt in Frankfurt.
Ich bin ledig.

Das ist meine Familie.

◇ Wer ist das?
◆ Das sind meine Eltern.
Das ist mein Vater.
Er ist 50 Jahre alt.
Er ist Lehrer.

Das ist meine Mutter.
Sie ist 47 Jahre alt.
Sie ist Lehrerin.

◇ Haben Sie Geschwister?
◆ Ja, ich habe einen Bruder und eine Schwester.
◇ Wo wohnen sie?
◆ Sie wohnen alle zusammen in Köln.

Das ist mein Bruder.
Er ist 22 Jahre alt.
Er ist Student.
Er ist fleißig.

Das ist meine Schwester.
Sie ist 17 Jahre alt.
Sie ist Schülerin.
Sie ist klug.

◆ Das sind meine Haustiere.
Das ist mein Hund Tongtong. Er ist lieb.
Das ist meine Katze Silby. Sie ist faul.

Tongtong & Silby

Familienstand - verheiratet ledig geschieden verwitwet

Zahlen						
	0	null	11	elf	22	zweiundzwanzig
	1	eins	12	zwölf	23	dreiundzwanzig
	2	zwei	13	dreizehn	....	
	3	drei	14	vierzehn	**30**	**dreißig**
	4	vier	15	fünfzehn	40	vierzig
	5	fünf	**16**	**sechzehn**	50	fünfzig
	6	**sechs**	**17**	**siebzehn**	**60**	**sechzig**
	7	**sieben**	18	achtzehn	**70**	**siebzig**
	8	acht	19	neunzehn	80	achtzig
	9	neun	20	zwanzig	90	neunzig
	10	zehn	21	einundzwanzig	100	(ein)hundert

* Nummer 9! ☞ Nr. 9!

B Meine Familie II

Wer ist das?

Vera

Das ist mein Mann Herbert.
Er ist Arzt.

Herbert

Johannes

Das ist meine Frau Tina.
Sie ist Ärztin.

Tina

Elis

Das sind meine Kinder.
Er ist mein Sohn Johannes
und sie ist meine Tochter Vera.

Johannes Vera

Das sind meine Großeltern.
Sie haben viele Freunde.

Großeltern

Hans

Das sind mein Onkel und meine Tante.
Sie sind nett.

Onkel und Tante

Das ist meine Freundin Karin.
Sie ist Klavierspielerin.
Sie ist lustig.

Das ist mein Freund Olaf.
Er ist Maler.
Er ist interessant.

C ◇ Wie alt ist das Baby?
◆ Es ist ein Jahr alt.
Seine Schwester ist zwei Jahre alt.

Vorwahl Postleitzahl

◇ Wer ist das?
◆ Ich weiß es nicht.

D

Wer ist das?	Das ist mein Onkel.
Was macht er?	Er ist Arzt.
Wann und wo ist er geboren?	Er ist 1979 in Berlin geboren.
Wo wohnt er?	Er wohnt/lebt in Stuttgart.
Was spricht er?	Er spricht gut Deutsch und ein bisschen Koreanisch.
Ist er verheiratet?	Ja, er ist schon verheiratet.
Hat er Kinder?	Nein, er hat keine Kinder.
Wie ist seine Adresse?	70174 Stuttgart, Friedrichstraße 7.
Wie ist seine Telefonnummer?	(0)701-391791

* Wer ist das?

	männlich		weiblich		Plural
Das ist	mein Großvater. ☞ mein Opa mein Vater mein Bruder	Das ist	meine Großmutter. ☞ meine Oma meine Mutter meine Schwester	Das sind	meine Großeltern. meine Eltern meine Geschwister
	mein Onkel mein Cousin mein Neffe		meine Tante meine Cousine meine Nichte		
	mein Mann mein Sohn mein Enkel		meine Frau meine Tochter meine Enkelin		meine Kinder meine Enkelkinder
	mein Schwiegervater mein Schwager		meine Schwiegermutter meine Schwägerin		meine Schwiegereltern
	mein Freund mein Kollege		meine Freundin meine Kollegin		meine Freunde
	mein Hund		meine Katze		

* Stammbaum

Wer ist wer?
Wer ist denn das auf dem Bild?

Ich bin ***Elis***.
Mein ________ heißt Paul.
Hans und Joseph sind meine ________.
Herbert ist mein ________ und Tina ist meine ________.

Ich bin ***Vera***.
Herbert ist mein ________.
Ich habe ein ________.
Elis und Paul sind meine ________.
Tina ist meine ________.

Ich bin ***Hans***.
Mein ________ ist Herbert.
Vera ist meine ________.

Ich bin ***Monika***.
Hans ist mein ________.
Vera ist meine ________ und Herbert ist mein ________.
Meine ________ sind Elis und Paul.

*** Wo bist du geboren?**
In Berlin.

*** Füllen Sie das Formular aus!**

Name	Geburtsort	Staatsangehörigkeit	Beruf	Familienstand	Alter
Jahn Wolf	Köln	deutsch	Lehrer	verheiratet	37
Sam Paul	Chicago	amerikanisch	Arzt	ledig	29
Ich					

*** Was meinen Sie?** Ich weiß es nicht.
☞ Das weiß ich nicht.
Ich glaube, sie/er ist nett.

*** Üben Sie zu zweit: Fragen Sie und antworten Sie!**

☆☆☆ Wer sind Sie?
Wer ist das?
Wie alt sind Sie?
Sind Sie verheiratet?
Haben Sie Kinder?
Haben Sie Geschwister?
☆ Was meinen Sie?
Wo sind Sie geboren?
Wie ist Ihre Adresse?
Wie ist Ihre Telefonnummer?

*** Schreiben Sie drei Sätze!**
Benutzen Sie die folgenden Wörter und Wendungen!

lieb nett lustig interessant klug fleißig groß

Grammatik 문법 2

1 정관사의 격변화

수·성 / 격	Sg.			Plural
	Maskulinum	Femininum	Neutrum	
1 격	der Vater	die Mutter	das Kind	die Kinder
4 격	den Vater	die Mutter	das Kind	die Kinder

2 부정관사의 격변화

수·성 / 격	Sg.		
	m	f	n
1 격	ein Vater	eine Mutter	ein Kind
4 격	einen Vater	eine Mutter	ein Kind

3 소유대명사 부정관사의 어미변화를 따른다

인칭대명사	ich	du	er	sie	es	Sie
소유대명사	mein	dein	sein	ihr	sein	Ihr

Er ist mein Mann. Sie ist meine Frau. Es ist mein Kind.

Das sind meine Kinder. Sie sind meine Eltern. Sie sind meine Geschwister.

4 sein과 haben 동사의 현재인칭변화

	sein	haben
ich	bin	habe
du	bist	hast
er sie es	ist	hat
wir	sind	haben
ihr	seid	habt
sie/Sie	sind	haben

5 동사의 어미변화

	arbeiten	finden
ich	arbeite	finde
du	arbeit**est**	find**est**
er sie es	arbeit**et**	find**et**
wir	arbeiten	finden
ihr	arbeit**et**	find**et**
sie/Sie	arbeiten	finden

6 유용한 표현

sag mal jetzt schon noch nicht alle zusammen

Lektion 3

Ich esse gern Obst.

A
◇ Was essen Sie gern?
◆ Ich esse gern Obst.

◇ Möchten Sie etwas essen?
◆ Ja, einen Apfelkuchen, bitte.
◇ Was möchten Sie trinken?
◆ Nur einen Kaffee.

◇ Haben Sie Hunger?
◆ Ja, ich habe Hunger.

◇ Haben Sie keinen Hunger?
◆ Nein, ich habe keinen Hunger.

◇ Haben Sie keinen Durst?
◆ Doch, ich habe Durst.

◇ Schmeckt das Schnitzel?
◆ Danke, es ist fantastisch.

Im Restaurant I

◇ Guten Tag! Was wünschen Sie?
◆ Guten Tag! Ich nehme Spaghetti mit Tomatensoße.
◇ Und was möchten Sie trinken?
◆ Ein Mineralwasser.
◇ Vielen Dank!

◇ Noch etwas Tee?
◆ Danke, keinen mehr.

Guten Appetit!
Probier mal!

* **Als Hauptgericht** esse ich ein Hähnchen mit Kartoffeln.
Als Nachtisch esse ich ein Eis mit Sahne.

B ◇ Was möchtest du essen?
◆ Ich weiß noch nicht. Und du?
◇ Ich möchte ein Hähnchen mit Salat.
◆ Hm, ich habe keinen Hunger.
Vielleicht nehme ich eine Suppe.

◇ Wie schmeckt dir das Hähnchen?
◆ Das schmeckt sehr gut. Und dir?
◇ Lecker.

◇ Schmeckt die Suppe nicht?
◆ Nein, sie ist zu salzig.

◇ Entschuldigung, ist hier noch frei?
◆ Aber sicher.
Nehmen Sie doch Platz!

◇ Was ist dein Lieblingsessen?
◆ Mein Lieblingsessen ist Obstsalat.

◇ Was ist dein Lieblingsgetränk?
◆ Mein Lieblingsgetränk ist Saft.

C Im Café

◇ Bitte, was bekommen Sie?
◆ Ich hätte gern einen Apfelkuchen.
◇ Es tut mir leid.
Heute haben wir keinen Apfelkuchen mehr.
◆ Dann möchte ich ein Stück Käsekuchen.
Geht das?
◇ Ja, natürlich!
Was möchten Sie trinken?
◆ Eine Tasse Tee, bitte.
◇ Danke schön.

D Im Restaurant II

Kellner Rechnung

◇ Wir möchten bitte bezahlen.
◆ Zusammen oder getrennt?
◇ Getrennt bitte.
Ich bezahle die Spaghetti mit Tomatensoße und das Mineralwasser.
◆ Das macht 14 Euro 10.
◇ 15 Euro. Stimmt so.
◆ Danke schön!
Was bezahlen Sie?
◇ Das Schnitzel mit Salat und das Bier.
◆ Das macht 15 Euro 90.
◇ 17 Euro, bitte.
◆ Vielen Dank!

Butter und Marmelade
Salz und Pfeffer
Essig und Öl
Senf
Zucker

Ich möchte gern bestellen.
Ich habe genug!
Ich bin satt!
Ich bin Vegetarier.

*** Was isst Sven gern?**

Mag er Kebab?
Mag er Berliner?
Mag er Frankfurter?

Er mag		der	die	das
keine Spaghetti keine Pommes frites keine Bratwurst keinen Reis keinen Fisch kein Fleisch keine Nudel(n)	Er isst gern möchte nimmt	einen Kuchen einen Salat einen Hambuger einen Schweinebraten	eine Suppe eine Pizza	ein Ei ein Brötchen ein Hähnchen ein Steak ein Kotelett ein Schnitzel ein Eis

*** Ich esse gern scharf.**
Der Salat ist frisch.

frisch	alt	trocken	
salzig	hart	scharf	fett
sauer	süß	bitter	

Gaststube "Bierkrug"

Getränke

Eichbaum Pils vom Fass 0,4 l	2,00€
Eichbaum Hefe- o. Kristallweizen 0,5 l	3,00€
Cola, Fanta, Sprite 0,3 l	1,50€
Mineralwasser 0,3 l	1,00€
Schnaps	1,50€
Glas Sekt	1,50€
Weinschorle-Riesling o. Weißherbst 0,5 l	3,00€

Speisen

Pfälzer Bratwurst mit Brötchen	2,00€
Pfälzer Bratwurst mit Pommes frites	3,50€
Currywurst mit Pommes frites	3,50€
Frikadelle mit Brötchen	2,50€
Schweinenackensteak mit Brötchen	3,50€
Putensteak mit Brötchen	3,50€
Portion Pommes frites	1,50€
Portion Kartoffelsalat	1,50€
Portion Nudelsalat	2,00€
Gemischter Salatteller	2,00€

Kaffee und Kuchen

Tasse Kaffee	1,50€
1 Stück Kuchen	1,50€
1 Stück Sahnetorte	2,00€

"Wir hätten gerne die Speisekarte."

*** Ich brauche ein Messer!**

das Messer	die Gabel
der Löffel	die Tasse
das Glas	der Teller

*** Was ist dein Lieblingsgetränk?**

Mein Lieblingsgetränk ist Saft.

Wasser/Bier/Wein/Milch/Cola

*** Üben Sie zu zweit: Fragen Sie und antworten Sie!**

☆☆☆ Was essen Sie gern?
Was wünschen Sie?
☞ Was hätten Sie gern?
☞ Was bekommen Sie?
Haben Sie Hunger?
Wie schmeckt das?
Geht das?
Was bezahlen Sie?
☆ Möchten Sie etwas essen?
Ist hier noch frei?
Was ist Ihr Lieblingsessen?
Zusammen oder getrennt?

*** Schreiben Sie drei Sätze!**
Benutzen Sie die folgenden Wörter und Wendungen!

nehmen bezahlen bekommen wünschen schmecken
Hunger Durst zusammen getrennt lecker

Grammatik 문법 3

1 동사의 현재인칭변화(불규칙)

	sprechen	essen	sehen
ich	spreche	esse	sehe
du	sprichst	isst	siehst
er sie es	spricht	isst	sieht

2 긍정과 부정 ja nein doch kein-

Haben Sie Hunger?	**Ja**, ich habe Hunger.
	Nein, ich habe keinen Hunger.
Sind Sie müde?	**Ja**, ich bin müde.
	Nein, ich bin nicht müde.
Hast du **keinen** Hunger?	**Doch**, ich habe Hunger.
	Nein, ich habe keinen Hunger.
Bist du **nicht** müde?	**Doch**, ich bin müde.
	Nein, ich bin nicht müde.

3 möchten, hätten, 조동사 mögen의 현재인칭변화

	möchten ~하고 싶다	**hätten** ~하고 싶다	**mögen** ~를 좋아하다
ich	möchte	hätte	mag
du	möchtest	hättest	magst
er sie es	möchte	hätte	mag
wir	möchten	hätten	mögen
ihr	möchtet	hättet	mögt
sie/Sie	möchten	hätten	mögen

4 인칭대명사 3격 : 대명사는 명사 앞에 온다

1 격	ich	du	er	sie	es	Sie
3 격	mir	dir	ihm	ihr	ihm	Ihnen

Wie schmeckt **dir** das Hähnchen?

5 복합명사 : 뒤에 오는 명사의 성을 따른다.

die Milch + **der** Kaffee = **der** Milchkaffee
das Gemüse + **die** Suppe = **die** Gemüsesuppe

6 유용한 표현

hm tut mir leid vielleicht stimmt so aber sicher Entschuldigung Geht das

독일의 명소 2 Würzburg, Rothenburg ob der Tauber, Dinkelsbühl

* 로맨틱가도(Romantische Straße)

Würzburg에서 Füssen에 이르기까지 총 27개의 아름다운 옛 도시를 연결하는 366 km의 길

Würzburg의 요새 Marienberg

유네스코 세계문화유산으로 등록되어 있는 궁전 Würzburg Residenz

중세 성곽도시 Rothenburg ob der Tauber

시청 Rathaus

건축 장인들의 숨결이 남아있는 작은 도시 Dinkelsbühl

Lektion 4

Was kostet das?

A ◇ Was kostet das?

☞ Wie viel kostet das?

◆ Das kostet 2 Euro.

Geld Verkäuferin

Auf dem Markt I

◇ Bitte schön!

◆ Ich brauche Bananen.
Haben Sie Bananen?

◇ Ja, natürlich.
Wie viel möchten Sie?

◆ Ein Kilo, bitte!

Auf dem Markt II

◇ Was kostet ein Kilo Äpfel?

◆ Ein Kilo Äpfel kostet 3 Euro 10.

◇ Dann bitte zwei Kilo.

◆ Sonst noch etwas?

◇ Nein, danke.
Das ist alles.

B ◇ Wie heißt das auf Deutsch? Brot?

◆ Das ist doch kein Brot.
Das ist ein Brötchen.

◇ Ja, stimmt.

◇ Was ist im Korb?
◆ Eine Orange, ein Apfel,
eine Birne und eine Banane.
◇ Nein, im Korb ist keine Banane.

◇ Fritz, ich koche jetzt Spaghetti.
Ich brauche Salz.
◆ Kein Problem.
Ich gehe sowieso einkaufen.

C Im Supermarkt I

◇ Bitte schön?
◆ Was kosten 100 g Käse?
◇ 100 g Käse kosten ein Euro.
◆ Dann bitte 200 g.
Ich brauche noch 200 Gramm Wurst.
◇ 100 Gramm Wurst kosten 99 Cent.
Das macht 3 Euro 98.
◆ Entschuldigung, ich habe nur einen Zwanzig-Euro-Schein.
◇ Das macht nichts.
Hier sind 16 Euro und 2 Cent zurück.

* Zahlen

101	(ein)hunderteins	1000	(ein)tausend
102	hundertzwei	1001	tausendeins
110	hundertzehn	2000	zweitausend
116	hundertsechzehn	2011	zweitausendelf
117	hundertsiebzehn	10 000	zehntausend
121	hunderteinundzwanzig	1 000 000	**eine** Million
130	hundertdreißig	2 000 000	zwei Million**en**
200	zweihundert		

man schreibt	man sagt
1990	neunzehnhudertneunzig
2001	zweitausendeins
2015	zweitausendfünfzehn

* Pluralform

◇ Wie heißt der Plural von Apfel?
◆ Äpfel.

Hier ist ein Apfel.
Hier sind zwei Äpfel.

ein Apfel - Äpfel	eine Tomate - Tomaten	
ein Kuchen - Kuchen	eine Orange - Orangen	ein Ei - Eier
	eine Banane - Bananen	ein Brötchen - Brötchen
	eine Birne - Birnen	ein Brot - Brote
	eine Zitrone - Zitronen	
	eine Kartoffel - Kartoffeln	
	eine Kiwi - Kiwis	

– Aus unserer Lebensmittelabteilung

die Zwiebel(n) die Gurke(n) die Karotte(n) die Kartoffel(n)
der Paprika der Knoblauch der Rettich(e) der Kohl(e) der Pilz(e)

Im Supermarkt II

◇ Sie wünschen?
◆ Ein Pfund Rindfleisch, bitte.
◇ Wir haben ein Sonderangebot.
Ein Kilo Rindfleisch kostet nur 9 Euro 80.
Sonst noch etwas?
◆ Danke, nichts mehr, das ist alles.
Wie viel macht das?
◇ 4 Euro 90, bitte.

* 1 Pfund = 500g

* eine	**Tasse** Kaffee	-	zwei	**Tassen** Kaffee
ein	**Glas** Milch	-	zwei	**Gläser** Milch
eine	**Flasche** Wein	-	zwei	**Flaschen** Wein
eine	**Packung** Tee	-	zwei	**Packungen** Tee
eine	**Dose** Bier	-	zwei	**Dosen** Bier
ein	**Stück** Kuchen	-	zwei	**Stück** Kuchen
ein	**Becher** Joghurt	-	zwei	**Becher** Joghurt
ein	**Kilo** Bananen	-	zwei	**Kilo** Bananen
ein	**Pfund** Kartoffeln	-	zwei	**Pfund** Kartoffeln
ein	**hundert Gramm** Käse	-	zwei	**hundert Gramm** Käse

* Kaufhaus

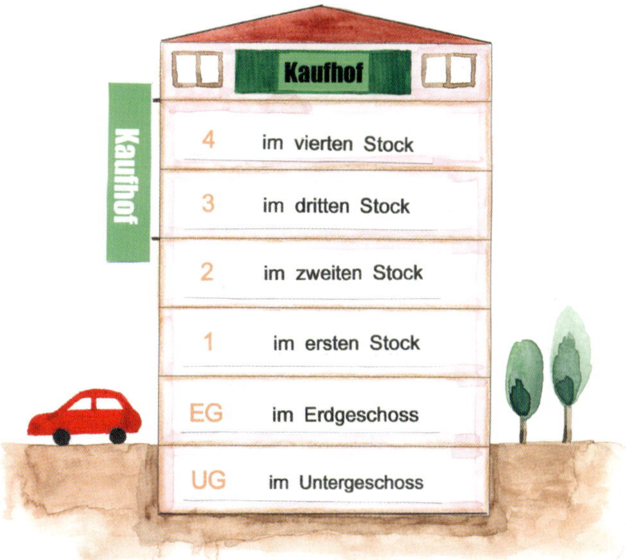

D Im Kaufhaus

◇ Guten Tag!
Kann ich Ihnen helfen?
◆ Ja, bitte. Ich suche eine Jacke.
◇ Die Jacken sind hier im 3. Stock.
Welche Größe haben Sie?
◆ Größe 36.
◇ Welche Farbe, bitte?
◆ Weiß.
◇ Wie finden Sie diese?
◆ Ich finde sie sehr schön.
Darf ich sie mal anprobieren?
◇ Ja, natürlich.
◆ Wo sind die Umkleidekabinen?
◇ Da hinten.
....
◇ Gefällt Ihnen die Jacke?
◆ Ja, die steht mir gut.
Wie viel kostet sie?
◇ 99 Euro.
◆ Das ist preisgünstig.
Ich nehme sie.
◇ Danke schön!

◇ Wie finden Sie Jochen? Was meinen Sie?
◆ Ich finde ihn nett.
◇ Das glaube ich auch.

können dürfen

* ◇ Kommt Herr Wolf aus Wien?
◆ Keine Ahnung!
Fragen Sie mal Herrn Schmidt!
Er kommt aus Wien.

◇ Möchten Sie Rotwein oder Weißwein?
◆ Mmh ..., ich möchte Rotwein.

ein rot**er** Mantel — der rot**e** Mantel
einen rot**en** Mantel — den rot**en** Mantel

* Farben

 die Jacke/gelb	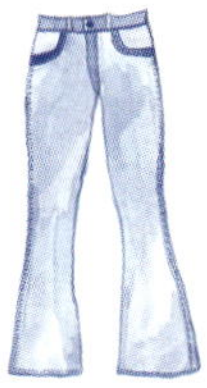 die Jeans/blau	 die Bluse/orange	 die Hose/grün
 der Pullover/rot	 der Anzug/schwarz	 das Hemd/weiß	 das Kleid/braun

* Üben Sie zu zweit: Fragen Sie und antworten Sie!

☆☆☆ Was kostet das?
Wie viel möchten Sie?
Kann ich Ihnen helfen?
Darf ich das anprobieren?
Wie finden Sie diese?
Wie gefällt das Ihnen?
☆ Wie heißt das auf Deutsch?
Sonst noch etwas?
Welche Größe haben Sie?
Welche Farbe mögen Sie?

* Schreiben Sie drei Sätze!
Benutzen Sie die folgenden Wörter und Wendungen!

suchen gefallen finden stehen helfen brauchen anprobieren dürfen können

Grammatik 문법 4

1 명사의 불규칙 변화 : 단수 2격, 3격, 4격과 복수에 en을 붙인다.

Nominativ (~는)	der Mensch	der Student	der Herr
Genetiv (~의)	des Menschen	des Studenten	des Herrn
Dativ (~에게)	dem Menschen	dem Studenten	dem Herrn
Akkusativ (~를)	den Menschen	den Studenten	den Herrn

→ der Professor der Knabe der Held der Präsident der Affe der Polizist

단 der Herr는 단수 2격, 3격, 4격 모두 n을 붙이고, 복수는 en을 붙인다.

→ der Name는 단수 2격에 s를 붙인다.

2 단수와 복수

	Singular	Plural
모음변화	der Apfel	die Äpfel
-e	der Freund	die Freunde
a, o, u → ä, ö, ü + -e	der Schrank der Stuhl	die Schränke die Stühle
-(e)n	die Lampe das Bett	die Lampen die Betten
-er	das Kind das Ei	die Kinder die Eier
a, o, u → ä, ö, ü + -er	das Bad das Wort das Buch	die Bäder die Wörter die Bücher
단수 복수형태동일	das Zimmer	die Zimmer

3 3격 지배동사 helfen gefallen schmecken

Kann ich Ihnen helfen? Gefällt Ihnen die Jacke? Wie schmeckt Ihnen der Kaffee?

4 인칭대명사 4격

1격	ich	du	er	sie	es	sie(Pl)	Sie
4격	mich	dich	ihn	sie	es	sie	Sie

5 화법조동사 können과 dürfen의 현재 인칭변화

können ~할 수 있다				dürfen ~해도 된다			
ich	kann	wir	können	ich	darf	wir	dürfen
du	kannst	ihr	könnt	du	darfst	ihr	dürft
er sie es	kann	sie/Sie	können	er sie es	darf	sie/Sie	dürfen

6 유용한 표현

Bitte schön auf Deutsch keine Ahnung sonst noch etwas sowieso kein Problem Das macht nichts

Lektion 5

Ich suche eine Wohnung!

A
◇ Haben Sie schon eine Wohnung?
◆ Nein, ich habe keine.
Ich suche eine.

◇ Wann wollen Sie umziehen?
◆ In einer Woche.
Ich muss morgen Möbel kaufen.

◇ Wo wohnen Sie?
◆ Ich wohne in Haus 9.
◇ Wie gefällt Ihnen Ihre Wohnung?
◆ Sie gefällt mir sehr gut.

◇ Wohnen Sie noch bei Ihren Eltern?
◆ Nein, seit einem Monat wohne ich im Studentenheim.
◇ Wie groß ist das Zimmer?
◆ Das ist ca. 30 m^2 groß.

◇ Was kostet Ihr Zimmer?
◆ 300 Euro im Monat.
◇ Was? Das ist aber nicht billig.
◆ Stimmt, das ist teuer.

◇ Ist Ihr Zimmer möbliert?
◆ Ja, es gibt ein Bett und einen Schrank.
Ich brauche noch einen Tisch und einen Stuhl.

wollen müssen

B ◇ Wie sieht Ihr Traumhaus aus?
◆ Ein Haus mit Garten ist mein Traum.
◇ Wie viel wollen Sie bezahlen?
◆ Bis 700 Euro im Monat.

◇ Wie finden Sie den Stuhl?
◆ Ich finde ihn bequem.

◇ Wie gefällt Ihnen der Tisch?
◆ Ganz gut.
◇ Und was meinen Sie?
◆ Mmh ..., er ist modern.

schön	modern
originell	lustig
witzig	verrückt
seltsam	bequem

◇ Gefallen Ihnen die Stühle hier?
◆ Ja, sie sind sehr originell.

C ◇ Jürgen, was ist denn los?
◆ Mein Computer funktioniert nicht.
◇ Ist dein Computer kaputt?
◆ Ja, er ist kaputt.
Ich muss ihn reparieren.

kaputt!

◇ Ist dein Bett kleiner als mein Bett?
◆ Ja, mein Bett ist aber bequemer als dein Bett.

◇ Deine Lampe ist schöner als meine Lampe.
◆ Oh, danke!
Aber sie ist leider sehr teuer.

*** Das ist meine Wohnung.**

Sie hat ein Schlafzimmer, ein Wohnzimmer, eine Küche und sogar ein Bad.
Ich muss noch ein Arbeitszimmer haben.

Hier ist der Flur.	die Küche	das Bad	die Dusche
Dort ist der Balkon.	die Toilette	das Schlafzimmer	der Garten

*** Nennen Sie das Zimmer auf Deutsch!**

die Miete die Kaution die Nebenkosten die Anzeige
mieten vermieten der Mietvertrag nachzahlen

* der Traum + das Haus ⇒ das Traumhaus
das Auto + die Bahn ⇒ die Autobahn
die Kinder + das Zimmer ⇒ das Kinderzimmer

* ◇ Wie gefällt Ihnen das Möbel?
◆ Der Stuhl gefällt mir.
⇒ Die Stühle gefallen mir.

die Lampe - die Lampen
das Bett - die Betten
der Schrank - die Schränke
das Bad - die Bäder
der Fernseher - die Fernseher
das Zimmer - die Zimmer
der Tisch - die Tische

schön - häßlich hell - dunkel teuer - billig groß - klein
klassisch - modern kurz - lang schmal - breit

*** Was hat Monika in ihrem Zimmer? Sehen Sie die Bilder an!**

Sie hat	einen Fernseher	eine Lampe	ein Bett
	einen Spiegel	eine Uhr	ein Telefon
	einen Tisch	eine Kaffeemaschine	ein Bild
	einen Stuhl		ein Radio
	einen Computer		ein Sofa
	einen Kühlschrank		ein Herd
	einen Schrank		ein Regal
	einen Teppich		

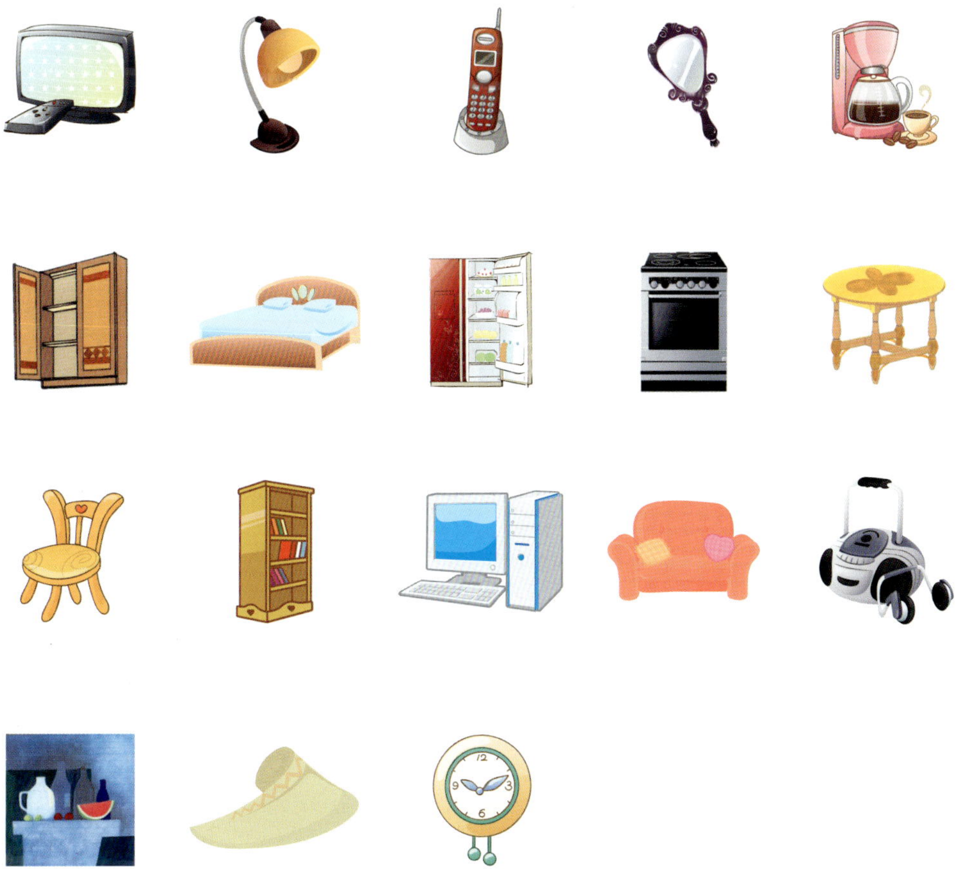

D Immobilien Müller hat ein Angebot.

◇ Ich suche eine 2-Zimmer-Wohnung.
Haben Sie ein Angebot?
◆ Ja. Wie finden Sie die Wohnung hier?
◇ Sie gefällt mir sehr gut.
Aber sie ist leider zu teuer.
◆ Das glaube ich auch.
◇ Kann ich sie anschauen?
◆ Ja, natürlich.

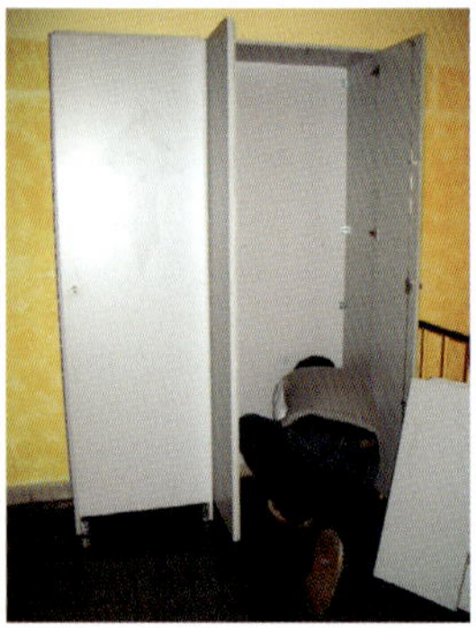

Möbel bauen(basteln)

* ◇ Wo möchten Sie am liebsten leben?
◆ Ich möchte **am liebsten** auf einer Insel leben.
Ich möchte **lieber** an einem See leben.

Ich möchte in Städten leben/wohnen.
in einem Land
an einem See
auf einer Insel

*** Üben Sie zu zweit: Fragen Sie und antworten Sie!**

☆☆☆ Was kostet Ihr Zimmer?
Wie groß ist Ihr Zimmer?
Gefällt Ihnen das Zimmer?
Ist Ihr Zimmer schöner als mein Zimmer?
Wo möchten Sie am liebsten leben?
Ist Ihr Computer kaputt?
☆ Was ist denn los?
Ist das Zimmer möbliert?
Müssen Sie Möbel kaufen?
Wann wollen Sie umziehen?

*** Schreiben Sie drei Sätze!**
Benutzen Sie die folgenden Wörter und Wendungen!

das Schlafzimmer	das Wohnzimmer	die Küche	der Balkon
das Kinderzimmer	das Arbeitszimmer	die Terrasse	die Garage
die Toilette	der Garten	das Waschbecken	die Badewanne
das Bad	die Dusche	das Duschbad	

Grammatik 문법 5

1 **복합동사** : schauen, sehen 등에 분리 전철이 붙으면 전철은 문장 끝에 놓인다.

an · schauen	Schauen Sie die Wohnung jetzt an?
aus · sehen	Du siehst heute gut aus.
um · ziehen	Ich ziehe am Samstag um.

2 **형용사** **1) 비교급**은 어간에 er 를 붙인다. 비교급에는 ~ 보다 라는 의미로 als ~ 를 사용한다.

Meine Lampe ist billiger als deine.

2) 최상급은 어간에 st 를 붙인다. am + ~ sten을 붙여 술어적 용법으로 사용한다.

Jetzt schmeckt der Apfel am besten.

Im Herbst ist das Wetter am schönsten.

	비교급	최상급
billig schön	billig-er schön-er	billig-st schön-st
groß	größ-er	größ-t
alt	ält-er	ält-est
gut	besser	best

3 **müssen 과 wollen 조동사**

	müssen ~해야만 한다	wollen ~하기를 원한다
ich	muss	will
du	musst	will**st**
er sie es	muss	will
wir	müssen	wollen
ihr	müsst	wollt
sie/Sie	müssen	wollen

4 **인칭대명사로 받기**

Der Flur ist hell? Ja, er ist hell.

Die Toilette ist groß? Ja, sie ist groß.

Das Bad ist neu? Ja, es ist neu.

5 **비인칭대명사 es Es gibt + 4격 지배 ~가 있다.**

Es gibt hier ein**en** Tisch.

6 **대명사 3격과 4격: 4격이 3격 앞에 놓인다.**

Ich gebe Ihnen das Bild.

Ich gebe das Ihnen.

7 **3격 지배 전치사**

Seit wann? Seit einem Jahr bin ich hier. Seit 2007 studiere ich.

8 **유용한 표현**

sogar	klar	kaputt	Ach so	ganz gut	Was ist los	ein paar

Lektion 6

Was machen Sie heute?

A ◇ Wie spät ist es?

☞ Wie viel Uhr ist es?

◆ Es ist ein Uhr fünf.

Es ist 13:05 Uhr.

Es ist fünf nach eins.

Es ist gegen ein Uhr.

Es ist kurz vor eins.

Es ist kurz nach eins.

*** Wie spät ist es jetzt? Es ist .....**

ein Uhr

fünf nach eins

viertel nach eins

viertel vor zwei

fünf vor zwei

fünf vor halb eins

halb eins

fünf nach halb eins

Mein Tag

Aufstehen	7 Uhr
Frühstück	7 Uhr 30
Vorlesungen	9 Uhr
Mittagspause	12 Uhr
Vorlesungen	2 Uhr
Schwimmen	4 Uhr
Ankunft zuhause	5 Uhr 30
Abendessen	6 Uhr
Freunde treffen/einkaufen	7 Uhr
Bücher lesen/Musik hören/fernsehen	9 Uhr
Schlafen	12 Uhr

◇ Wann stehen Sie auf?
◆ Ich stehe um sieben Uhr auf.
◇ Wann frühstücken Sie?
◆ Um 7:30 frühstücke ich.

◇ Wann gehen Sie zum Deutschkurs?
◆ Um 8 Uhr 45.
◇ Wie lange dauert der Kurs?
◆ 3 Stunden am Vormittag.

◇ Was machen Sie am Nachmittag?
◆ Nach dem Unterricht gehe ich schwimmen.

◇ Wann essen Sie zu Abend?
◆ Um 6 Uhr.
◇ Gehen Sie früh ins Bett?
◆ Nein, erst um 12 Uhr.

* Die Uhrzeit und Tageszeit

am Morgen	morgens
am Vormittag	vormittags
am Mittag	mittags
am Nachmittag	nachmittags
am Sonntag	sonntags
in der Nacht	nachts

jeden Tag	den ganzen Tag
jeden Morgen	die ganze Nacht
jede Nacht	

Wann sind Sie geboren? Am 09. 12. 2009.
→ Am neunten zwölften zweitausendneun.
→ Am neunten Dezember zweitausendneun.
Heute ist der 7. Mai. → Heute ist der siebte Mai.

vorgestern ⇦ gestern ⇦ **heute** ⇨ morgen ⇨ übermorgen

– **Die Wochentage** : am Montag Dienstag Mittwoch Donnerstag Freitag
von Montag bis Freitag
– **Am Wochenende** : am Samstag + Sonntag

B ◇ Klaus, was machst du morgen?
◆ Wieso, Mama?
◇ Deine Tante möchte uns zum Kaffee einladen.
◆ Ja, gerne.

☏ ◇ Tanja, kommst du heute Abend nach Hause?
◆ Ach, Mama, ich kann nicht.
Ich bin krank.
◇ Was sagt denn der Arzt?
◆ Ich soll nicht so viel arbeiten.

sollen

C ◇ Kerstin, was hast du heute vor?
◆ Ich habe mal wieder Lust auf einen Einkaufsbummel.
Kommst du mit?
◇ Schade, ich habe schon eine Verabredung.

* **Kommst du mit?**

Ja, wenn ich Lust habe.
Zeit
Geld
Ja, wenn ich fertig bin.
Tut mir leid. Da habe ich schon eine Verabredung.

◇ Hast du am Freitag Zeit?
◆ Ja. Warum?
◇ Ich mache eine Gartenparty.
Kommst du auch?
◆ Ja, natürlich. Wann fängt die Party an?
◇ Um acht Uhr.
◆ Ich bringe eine Flasche Wein mit.
Bis dann.

D ◇ Peter, ich gehe jetzt in die Mensa.
Kommst du mit?
◆ Ja, gerne.
Wollen wir danach in ein Café gehen?
◇ Gut, aber nicht zu lange.
◆ In Ordnung.

* Ich lese die Zeitung im Café.
Ich gehe in ein Café.
Ich gehe ins(=in das) Café.

* Ich kaufe im Supermarkt ein.
Ich gehe jetzt in den Supermarkt.

Museum Konzert Kino Oper
Diskothek Theater Ausstellung
Kaufhaus Post Bahnhof

* **auf**stehen	Ich stehe am Montag schon um 6 Uhr auf.
aufräumen	Ich räume mein Zimmer am Dienstag auf.
einkaufen	Kaufen Sie am Mittwoch ein?
anrufen	Ich rufe meine Mutter am Donnerstag an.
fernsehen	Sehen Sie am Freitag fern?
einladen	Ich lade Sie am Samstag ein.
mitkommen	Kommen Sie am Sonntag mit?
mitbringen	Ich bringe morgen etwas mit.
anfangen	Fangen Sie heute an?

*** Was machst du?**

Ich mache einen Spaziergang/eine Party/einen Ausflug.

Frühstück/Hausaufgaben/Prüfung/Reise/Fehler/Theater

*** Üben Sie zu zweit. Fragen Sie und antworten Sie!**

☆☆☆ Wie spät ist es?

☞ Wie viel Uhr ist es?

Was machen Sie heute?

Was soll ich tun?

Wie lange dauert der Kurs?

Haben Sie Zeit?

Kommen Sie mit?

☆ Was haben Sie morgen vor?

Wann fängt der Kurs an?

Haben Sie eine Verabredung?

Wollen wir in ein Café gehen?

*** Schreiben Sie drei Sätze!**
Benutzen Sie die folgenden Wörter und Wendungen!

Öffnungszeiten Sprechstunde dauern lesen schlafen
aufstehen anrufen vorhaben einladen mitkommen

Grammatik 문법 6

1 복합동사

aufstehen **auf**räumen **ein**kaufen **an**rufen **fern**sehen
einladen **an**fangen **mit**kommen **mit**bringen **vor**haben

2 **Ich gehe** essen/schwimmen/tanzen/singen/malen.
Ich lerne kochen/schwimmen/singen.

3 **sollen 화법조동사의 현재인칭변화**

sollen ~해야만 한다(당위)			
ich	soll	wir	sollen
du	soll**st**	ihr	sollt
er sie es	soll	sie/Sie	sollen

4 불규칙 동사 **treffen schlafen**

5 3·4격 지배 전치사

Ich gehe **in ein** Café. Jeden Morgen trinke ich Kaffee **im**(= in dem) Café.

6 의문부사

Wie spät ist es jetzt?	Es ist sieben Uhr drei.
Wie lange dauert der Kurs?	Zwei Stunden.
	Es dauert fast zwei Stunden.
Um wie viel Uhr fährt der Bus?	Um zehn Uhr zwanzig.
Wann fährt der Bus?	Um 10:20 Uhr.

7 **부정대명사:** 정관사 변화를 따르고 단수로 사용.

Jeden Tag trinke ich Milch.

Jeder bekommt ein Brötchen.

8 유용한 표현

Ach früh Wieso schade denn bis dann erst in Ordnung

Lektion 7

Was ist Ihr Hobby?

Lektion 7 Was ist Ihr Hobby?

fotografieren schwimmen Inline-Skate laufen Fahrad fahren lesen singen
Fussball spielen in die Disko gehen tanzen kochen reisen schreiben
Musik hören Computer spielen Klavier spielen faulenzen E-Mails schreiben

A

◇ Was machen Sie in Ihrer Freizeit?
◆ Ich höre gern Musik. Und Sie?
◇ Lesen und Schreiben.

◇ Was machen Sie gern?
◆ Ich mache gern Computergames im Internet.
◇ Was machen Sie nicht gern?
◆ Ich sehe nicht gern fern.
◇ Warum denn?
◆ Weil das Programm langweilig ist.

◇ Was ist Ihr Hobby?
◆ Ich fotografiere sehr gern.
Und was ist Ihr Hobby?
◇ Musik Machen.
◆ Welches Instrument spielen Sie?
◇ Ich spiele Klavier.
◆ Interessant!

das Klavier die Violine die Gitarre das Cello
die Klarinette die Orgel das Schlagzeug

◇ Reisen Sie gern?
◆ Ja, aber ich habe leider nicht viel Freizeit.
◇ Warum?
◆ Weil ich viel arbeite.

B ◇ Was machst du gern?
◆ Ich treffe gern Freunde.

◇ Was sind deine Hobbys?
◆ Meine Hobbys sind Reisen, Schwimmen, im Internet Surfen.

◇ Schwimmst du gern?
◆ Nein.
◇ Warum nicht?
◆ Weil ich lieber wandere.

C ◇ Welche Musik mögen Sie?
◆ Ich höre gern deutsche Lieder. Und Sie?
◇ Ich höre gern Tango.
Das gefällt mir.

D ◇ Inge, was machen wir am Sonntag?
◆ Hast du eine Idee?
◇ Ich schlage vor, wir fahren an die See und nehmen ein Sonnenbad.
Oder hast du keine Lust?
◆ Offen gesagt, nicht so sehr.
◇ Was willst du denn machen?
◆ Ich möchte einfach faulenzen.
◇ Na gut, wenn du willst!

＊ Mein Lieblingsland ist ...

Mein Lieblingsfilm ist ...
Mein Lieblingsbuch ist ...
Meine Lieblingsmusik ist ...

＊ Üben Sie zu zweit. Fragen Sie und antworten Sie!

☆☆☆ Was ist Ihr Hobby?
Was machen Sie gern?
Haben Sie eine Idee?
Haben Sie keine Lust?
Warum?
Was für eine Musik mögen Sie?
☆ Was schlagen Sie vor?
Was machen Sie in Ihrer Freizeit?
Was machen Sie nicht gern?
Was wollen wir machen?

＊ Schreiben Sie drei Sätze!
Benutzen Sie die folgenden Wörter und Wendungen!

vorschlagen backen kochen Freizeit Lust
Idee Reise Freunde treffen Hobby lernen spielen

Grammatik 문법 7

1 복합동사 **vor**schlagen
Ich schlage vor, wir gehen heute Abend ins Kino.

2 불규칙동사 **fahren lesen vorschlagen**

3 의문대명사 **welch-** 는 정관사 어미변화

Welches Instrument spielen Sie? Welches?
Was für ein Instrument spielen Sie?

4 부정대명사 **ein- kein- welch-**

Haben Sie Brezel? Ja, hier bitte.
Nein, tut mir leid, ich habe auch keine.
Vielleicht hat der Bäcker noch welche.

Sg.	Ich esse einen Käsekuchen.	Ich esse einen.	Ich esse keinen.
	eine Brezel.	Ich esse eine.	Ich esse keine.
	ein Vollkornbrot.	Ich esse eins.	Ich esse keins.
Pl.	Ich esse Nussschnecken.	Ich esse welche.	Ich esse keine.

5 **warum** (왜?)으로 물으면 접속사 **weil**과 **denn**으로 답한다. 접속사 weil과 denn은 같은 뜻(왜냐하면 ~때문이다)으로 사용되지만 weil- 부문장에서 동사는 문장 끝에 오고, denn을 쓸 경우 동사는 주어 다음에 온다. 부문장이 앞에 나오면 주문장의 주어와 동사는 도치된다.

Warum ist der Tisch so teuer?
Er ist teuer, **weil** er modern ist. **Weil** er modern ist, ist er teuer.
Er ist teuer, **denn** er ist modern. **Denn** er ist modern, ist er teuer.

6 형용사의 어미변화

1) 정관사 +형용사 +명사
Das ist der schön**e** Tango. Das ist die schön**e** Musik. Das ist das deutsch**e** Lied.

	m	f	n	Pl.
1격	der lieb**e** Vater	die lieb**e** Mutter	das lieb**e** Kind	die lieb**en** Eltern
4격	den lieb**en** Vater	die lieb**e** Mutter	das lieb**e** Kind	die lieb**en** Eltern

2) 부정관사 +형용사+명사
Das ist ein schön**er** Tango. Das ist eine schön**e** Musik. Das ist ein deutsch**es** Lied.

	m	f	n
1격	ein stark**er** Mann	eine schön**e** Frau	ein klein**es** Kind
4격	einen stark**en** Mann	eine schön**e** Frau	ein klein**es** Kind

3) 형용사 +명사
Ich mag koreanischen Tanz.

	m	f	n	Pl.
1격	lieber Vater	liebe Mutter	liebes Kind	liebe Eltern
4격	lieben Vater	liebe Mutter	liebes Kind	liebe Eltern

7 유용한 표현

interessant na gut offen gesagt nicht so sehr sehr viel einfach

독일의 명소 3 München, Füssen, Linderhof

Frauenkirche가 보이는 München

Rathaus, München

Oktoberfest의 Hofbräu-Haus

Bayern의 Ludwig II세의 미완성 Schloss Neuschwanstein(백조의 성), Füssen

Ludwig II세가 거주했던 성 Linderhof

Lektion 8

Schöne Ferien!

Willkommen!
Einen schönen Urlaub!
Gute Reise!
Schönes Wochenende!
Gute Erholung!
Guten Flug!

A ◇ Was machen Sie in den Ferien, Frau Kim?
◆ Ich fliege nach Europa.

◇ Machen Sie Urlaub?
◆ Klar! Diesmal mache ich Campingurlaub an der Ostsee.
◇ Was? Nicht in den Alpen, sondern an der See?

◇ Welche Städte in Deutschland kennen Sie, Frau Park?
◆ Berlin. Berlin ist die Hauptstadt von Deutschland.

◇ Was muss man in Berlin unbedingt sehen?
◆ Das Rathaus, das Brandenburger Tor, den Reichstag und viele andere Sehenswürdigkeiten.

◇ Wo kann man eine Stadtrundfahrt machen?
◆ Am Bahnhof.

B ◇ Manfred, was machst du in den Ferien?
◆ Ich besuche meinen Freund.
Er studiert in Wien.
◇ Wann fährst du weg?
◆ Am 1. August.
◇ Schöne Ferien!

◇ Tina, was machst du im Urlaub?
◆ Ich mache eine Reise nach Italien.
◇ Und wohin genau?
◆ Nach Rom.
◇ Mit dem Zug oder mit dem Flugzeug?
◆ Ich fahre nicht, sondern ich fliege.
◇ Gute Reise!

C ◇ Frau Schmidt, am Wochenende reise ich in die Schweiz, nach Zürich.
Brauche ich den Pass?
◆ Ja, nehmen Sie den Pass sicherheitshalber mit.
Und vergessen Sie den Stadtplan von Zürich nicht!

◇ In-Ho, muss ich ein Visum beantragen?

◆ Nein, du brauchst doch kein Visum, wenn du nach Europa fliegst.
Nimm einfach den Pass mit!

◇ Max, brauche ich einen Regenschirm?

◆ Ja, nimm den Regenschirm mit!
Vielleicht regnet es heute Nachmittag.

D ◇ Angelika, ich komme morgen.
Holst du mich ab?

◆ Natürlich, Papa, ruf mich an, wenn du in München ankommst.

◇ Wie ist das Wetter im Süden?

◆ Gut. Die Sonne scheint.

*** Wie ist das Wetter? Es ist .....**

– Es gibt ein Gewitter.
Am Meer ist es wechselhaft.
In den Bergen ist es kalt und feucht.
Es regnet/schneit.

– Wie wird das Wetter?
Es soll ca. 20 Grad werden.
Es wird gut/schön.
schlecht/nicht so gut/nicht so schön.

* Der Wetterbericht

sonnig wolkig neblig regnerisch trocken
nass heiß warm kalt kühl

im Norden
↑
im Westen ← → im Osten
↓
im Süden

* Monate und vier Jahreszeiten

März	April	Mai	**der Frühling**
Juni	Juli	August	**der Sommer**
September	Oktober	November	**der Herbst**
Dezember	Januar	Februar	**der Winter**

der Frühling

der Sommer

der Herbst

der Winter

* Reisevorbereitung

– Boris macht Urlaub im Januar. Er fährt Ski. Jetzt packt Boris seinen Koffer.
Was möchte er einpacken?

das Medikament	die Krankenversicherungskarte	der Pullover
die Handschuhe	der Schal	die Skihose
die Skibrille	der Skianzug	die Skischuhe

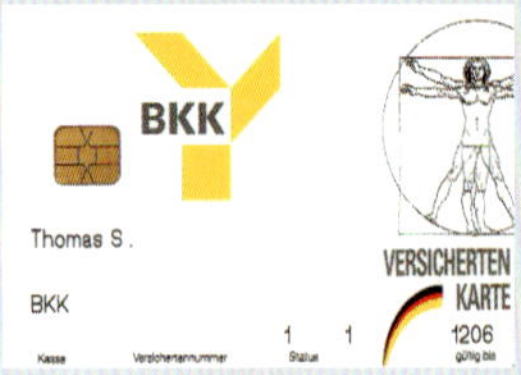

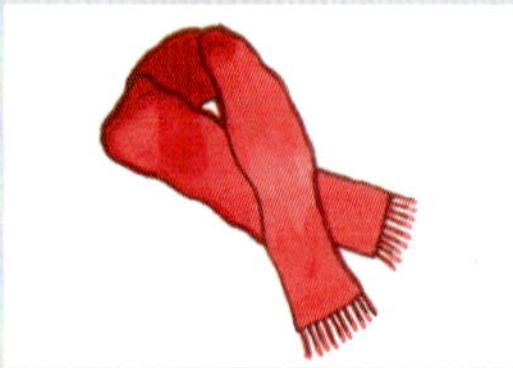

– Gabi und Frank machen Sommerurlaub an der Nordsee.
Er möchte morgens segeln, aber sie möchte lieber surfen.
Nachmittags möchten sie baden gehen.
Was braucht Gabi? Und was braucht Frank?

Badeanzug	Sonnenöl	Reisewecker	Sandalen
Sonnenschirm	Sonnenbrille	Reisescheck	Rücksack
Segelboot	Zelt	Badehose	Landkarte

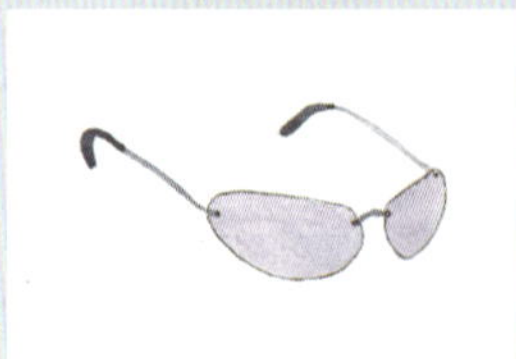

∗ Üben Sie zu zweit: Fragen Sie und antworten Sie!

☆☆☆ Was machen Sie in den Ferien?
Machen Sie Urlaub?
Welche Städte kennen Sie?
Wann fahren Sie weg?
Wie ist das Wetter?
Holen Sie mich ab?
☆ Was brauche ich?
Nehmen Sie den Pass mit?
Was muss man unbedingt sehen?
Was muss man einpacken?

∗ Schreiben Sie drei Sätze!
Benutzen Sie die folgenden Wörter und Wendungen!

Wenn Sie wollen, ...
Wenn das Wetter schön ist, ...
Wenn es regnet, ...

in die Disko gehen die Altstadt besichtigen einen Ausflug machen
Kreuzfahrt Flughafen U-Bahn Klimaanlage am Empfang
eine Führung stattfinden Pass Stadtplan

독일의 명소 4 Berlin

독일제국의회(Reichstag)를 1999년 재건하여 독일국회의사당으로 사용하는데, 반구형 유리전망대를 새로 설치한 것이 특이한 점이다.

Grammatik 문법 8

1 복합동사 **an**kommen **ab**holen **ein**packen **mit**nehmen

Der Zug kommt pünktlich an.
Ich hole dich um 2 Uhr ab.
Was packst du ein?

2 불규칙동사 **vergessen**

	vergessen
ich	vergesse
du	vergisst
er sie es	vergisst

3 동사 **kennen**(~을 알다)과 **wissen**(~ 사실을 알다)은 의미가 서로 다르게 사용된다.

Kennen Sie die Stadt?
Ich kenne Frau Bauer nicht.
Kennen Sie den Titel des Buches?
Kennen Sie seine Adresse?

Wissen Sie, dass die Stadt sehr alt ist?
Ich weiß es nicht, wer Frau Bauer ist.
Ich weiß nicht, wie es heißt.
Ich weiß nicht, wo er wohnt.

4 **명령문** : 규칙동사일경우 인칭대명사 없이 du는 어간만을, ihr는 현재형만을, 그리고 존칭 Sie는 동사 부정형+ Sie를 쓴다. 불규칙 동사에서 du는 변화된 어간을 기준으로 한다.

부정형	du	ihr	Sie
kommen	Komm!	Kommt!	Kommen Sie!
sehen	Sieh!	Seht!	Sehen Sie!
essen	Iss!	Esst!	Essen Sie!
anrufen	Ruf an!	Ruft an!	Rufen Sie an!

5 **종속접속사 wenn**으로 시작되는 부문장에서 동사는 문장 끝에 온다. 부문장이 앞에 오면 주문장의 주어, 동사는 도치된다.

Wir machen ein Picknick, wenn es morgen nicht regnet.
Wenn das Wetter schön ist, können Sie einen Ausflug machen.
Wenn es regnet, können Sie in die Diskothek gehen.

6 대등접속사 **nicht** ..., **sondern** ... (~가 아니라, ~다)

Gabi will nicht segeln, sondern surfen.
Ich wohne jetzt nicht in Berlin, sondern in Köln.

7 **부정대명사 man**

Man muss Sport machen.
Wo kann man eine Stadtrundfahrt machen?

8 **유용한 표현**

was	natürlich	unbedingt	genau	diesmal	richtig	sicherheitshalber

Lektion 9

Wie komme ich zum Bahnhof?

* Stadtplan

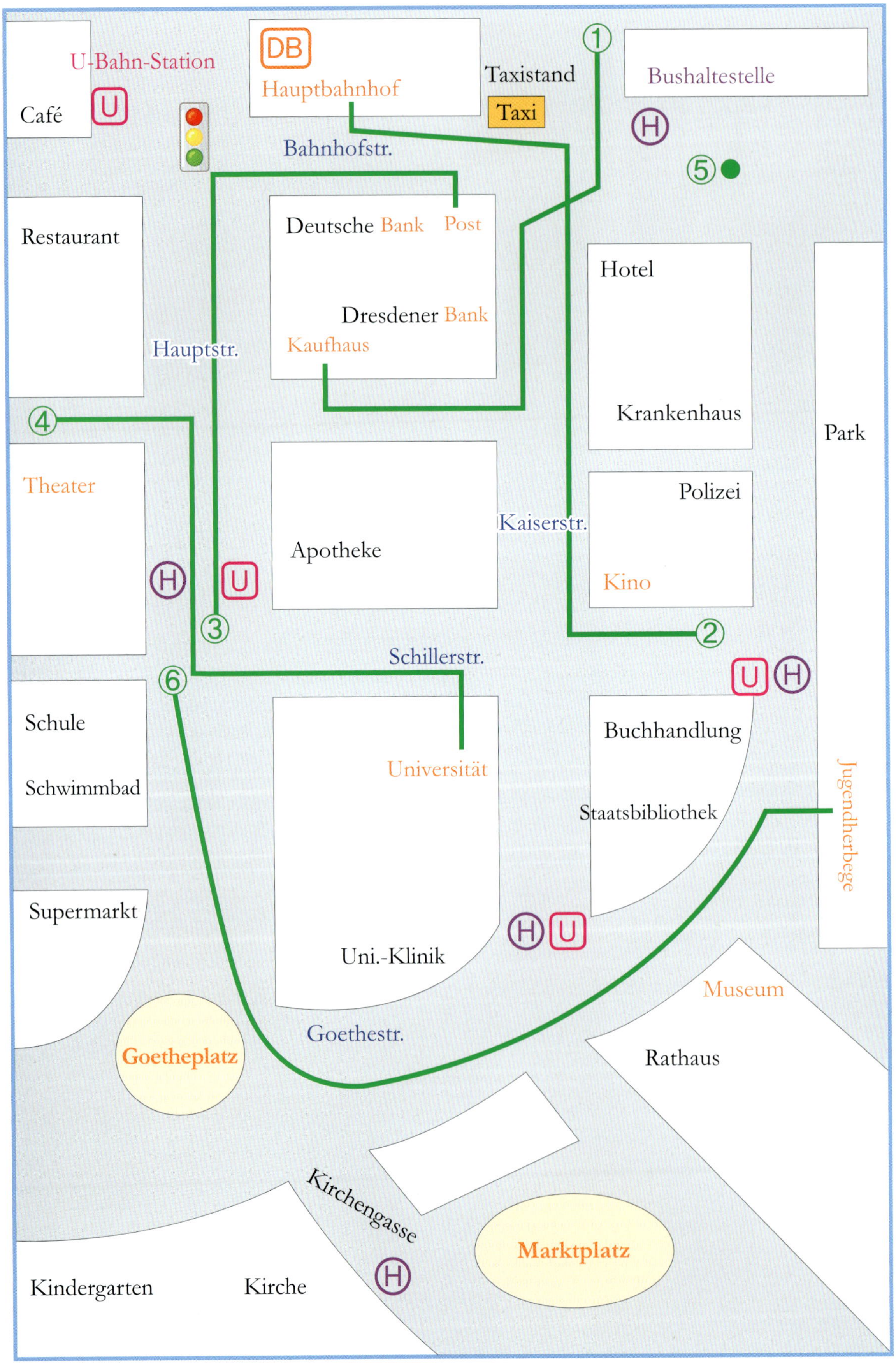
U-Bahn-Station
Café
U
DB
Hauptbahnhof
Taxistand
Taxi
1
Bushaltestelle
H
Bahnhofstr.
5
Restaurant
Deutsche Bank
Post
Hotel
Dresdener Bank
Kaufhaus
Hauptstr.
Krankenhaus
Park
4
Theater
Polizei
Kaiserstr.
Apotheke
H
U
Kino
3
2
Schillerstr.
U
H
6
Schule
Buchhandlung
Universität
Schwimmbad
Staatsbibliothek
Jugendherberge
Supermarkt
H
U
Uni.-Klinik
Museum
Goethestr.
Goetheplatz
Rathaus
Kirchengasse
Marktplatz
Kindergarten
Kirche
H

A Ich brauche eine Auskunft

①

◇ Entschuldigung. Wie komme ich zum Kaufhaus?

◆ Nehmen Sie die zweite Straße rechts.
Da sehen Sie neben einer Bank das Kaufhaus.

◇ Danke schön.

◆ Bitte schön.

②

◇ Entschuldigen Sie, wie komme ich zum Bahnhof?

◆ Ganz einfach! Gehen Sie diese Straße geradeaus.
An der Ecke ist ein Kino.
Dort dann rechts in die Kaiserstraße.
Nach etwa 50 Metern sehen Sie den Bahnhof.

◇ Vielen Dank.

◆ Bitte.

③

B ◇ Entschuldigung. Wie komme ich zur Post?

◆ Gehen Sie hier die Hauptstraße geradeaus
bis zur Ampel. Dort dann rechts in die
Bahnhofstraße bis zur Bank. Da ist die Post.

◇ Vielen Dank.

◆ Keine Ursache.

④

◇ Wo ist hier die Universität?
◆ Sind Sie hier fremd?
◇ Ja, ich bin Tourist aus Korea.
◆ Ach so. Gehen Sie geradeaus bis zum Theater.
Am Theater dann rechts in die Hauptstraße.
◇ Und dann?
◆ Gehen sie ein Stück weiter und bei der Kreuzung
müssen Sie nach links abbiegen.
Die Universität ist auf der rechten Seite
der Schillerstraße.

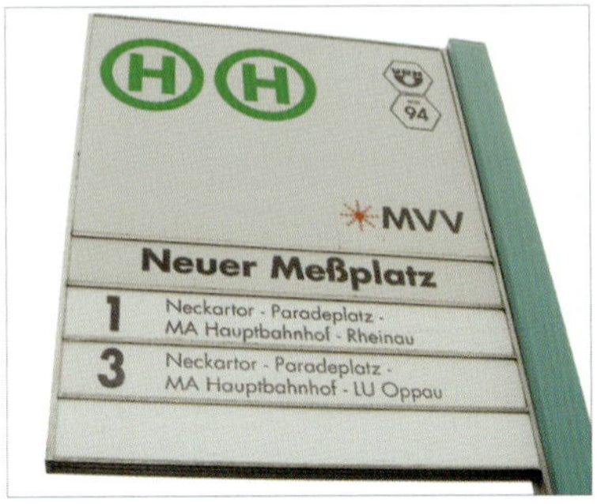

⑤

C ◇ Verzeihung, ich suche den Marktplatz.
◆ Da fahren Sie mit dem Bus.
Nehmen Sie die Busnummer 10.
◇ Muss ich umsteigen?
◆ Nein, der Bus fährt direkt bis zum Marktplatz.
◇ Wie lange dauert es?
◆ Ich glaube, etwa 15 Minuten.
◇ Herzlichen Dank.
◆ Nichts zu danken.

⑥

D ◇ Entschuldigen Sie bitte!
Gibt es hier in der Nähe eine Jugendherberge?
◆ Fahren Sie weiter geradeaus bis zum Goetheplatz.
Dort dann links in die Goethestraße,
am Rathaus vorbei, bis zum Museum.
Noch ein Stück weiter und dann sehen
Sie rechts die Jugendherberge.
◇ Danke schön!
◆ Bitte schön.

* Wie kommst du nach Berlin?

Ich fahre mit dem Auto.
mit dem Bus.
mit dem Fahrrad.
mit dem Zug.
mit dem Schiff.
mit dem Taxi.
mit dem Motorrad.
mit der U-Bahn.

* Die Wegbeschreibung

Sie können die folgenden Ausdrücke verwenden.

Nehmen Sie	die erste Straße	rechts/links
Gehen Sie hier	geradeaus	bis zum ... bis zur ...
	rechts/links	in die ...-straße auf den/die/das ...
		an ... vorbei

* In der Stadt

Wo ist Sara? Sara ist in der Apotheke.

	m	f	n
Sara ist	im Supermarkt im Kaufhaus auf dem Bahnhof auf dem Markt am Marktplatz	in der Bäckerei in der Diskothek in der Bibliothek in der Buchhandlung auf der Bank auf der Post	im Café im Restaurant im Schwimmbad im Kino im Museum auf dem Rathaus

* Kennen Sie die Abkürzungen?

die SPD die CDU die USA der VW

ICE ist die Abkürzung für die Intercity Express.
EU ist die Abkürzung für die Europäische Union.
BRD ist die Abkürzung für die Bundesrepublik Deutschland.

* Wo ist was? Was kann man hier machen?

der

Bitte, wo ist der Zoo?	... die Tiere sehen
Gibt es hier einen Park?	... spazieren gehen
Gibt es hier einen Supermarkt?	... Lebensmittel kaufen
Gibt es hier einen Bahnhof?	... Fahrkarten kaufen
Ich suche einen Imbiss.	... etwas leicht essen
Ich suche den Marktplatz.	... Blumen kaufen

die

Bitte, wo ist die Deutsche Bank?	... Geld wechseln oder abheben oder einzahlen
Gibt es hier eine Bibliothek?	... ein Buch leihen oder lesen
Gibt es hier eine Bäckerei?	... Brot kaufen
Gibt es hier eine Post?	... Briefmarken kaufen
Ich suche eine Apotheke.	... Medikamente kaufen
Ich suche eine Diskothek.	... tanzen

das

Bitte, wo ist das Hotel König?	... übernachten
Wo ist hier ein Restaurant?	... gut essen
Wo ist hier ein Kino?	... einen Film sehen
Wo ist hier ein Theater.	... *Mamma Mia* sehen
Wo ist hier ein Museum?	... die alte Geschichte kennenlernen
Gibt es hier ein Schwimmbad?	... schwimmen
Gibt es hier ein Café?	... Kaffee trinken
Ich suche das Rathaus.	... einen Pass bekommen

∗ Üben Sie zu zweit: Fragen Sie und antworten Sie!

☆☆☆ Wie komme ich zum Bahnhof?
Wo ist hier die Universität?
Wie fahren Sie nach Hause?
Muss ich umsteigen?
Wie lange dauert es?
Gibt es hier einen Supermarkt?
☆ Sind Sie neu hier?
Gibt es hier in der Nähe eine Jugendherberge?
Bitte, wo ist die Deutsche Bank?
Wo kann man Brot kaufen?

∗ Schreiben Sie drei Sätze!
Benutzen Sie die folgenden Wörter und Wendungen!

zu Fuß gehen fahren abbiegen geradeaus rechts links
bei der Kreuzung bis zur Ampel bis zum Marktplatz an der Ecke

Grammatik 문법 9

1 복합동사 **um**steigen

Ich steige an der Bushaltestelle um.
Du musst bei der Post umsteigen.

2 3격 지배 전치사

aus 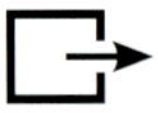

Ich bin aus Korea.
Sie geht aus Haus.
Das Kind trinkt aus dem Glas.

bei 

Ich wohne bei meinen Eltern.
Beim Essen spricht man nicht.

nach 

Ich fahre nach Berlin.
Nach dem Unterricht geht sie schwimmen.
Nach meiner Meinung hat er recht.

zu 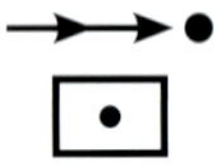

Ich gehe zum Bahnhof.
Ich lade dich zum Abendessen ein.

3 4격 지배 전치사

bis 

Der Zug fährt nicht bis Berlin.
Wir arbeiten bis Sonntag.
Er bleibt bis zum Abend im Büro.

um 

Er kommt um 9 Uhr.
Die Familie sitzt um den Tisch.

4 3·4격 지배 전치사

an 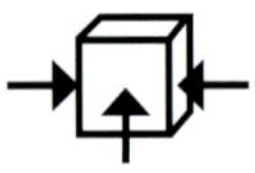

Wir gehen an das Fenster.
Wir sind an dem Fenster.

auf 

Sie fährt auf den Berg.
Sie ist auf dem Berg.

in 

Das Kind geht in das Zimmer.
Es ist jetzt in dem Zimmer.

neben 

Das Auto fährt neben die Bank.
Es ist neben der Bank.

5 유용한 표현

direkt ganz einfach ein Stück weiter keine Ursache Und dann etwa vorbei

Lektion 10

Was wollen Sie nach dem Studium machen?

A
- ◇ Was studieren Sie, Herr Klage?
- ◆ Ich studiere Architektur.
- ◇ Was wollen Sie nach dem Studium machen?
- ◆ Ich will Architekt werden.
- ◇ Viel Erfolg!

- ◇ Susanne, was machst du nach dem Abitur?
- ◆ Ich will studieren. Und du?
- ◇ Ich werde eine Ausbildung als Sekretärin machen.
  Ich muss ja Geld verdienen.

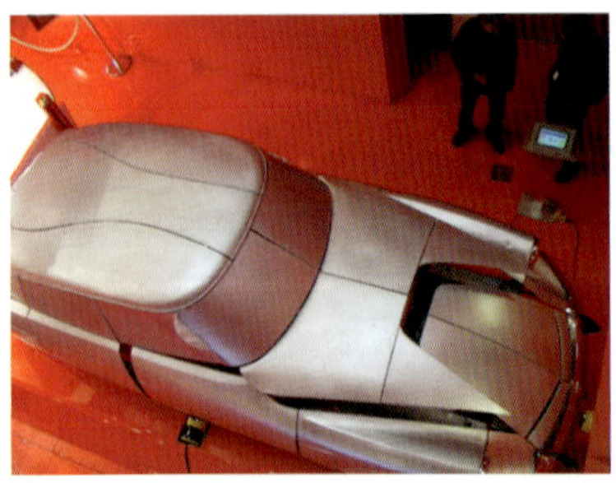

- ◇ Silke, willst du Musik studieren?
- ◆ Ja, später will ich eine Opernsängerin werden.
- ◇ Du wirst bestimmt eine gute Sängerin.
  Wenn ich Geld hätte, würde ich auch studieren.

B
- ◇ Frank, wofür interessierst du dich?
- ◆ Ich interessiere mich für Autos.
  Ich will Ingenieur werden.
- ◇ Wann bist du mit dem Studium fertig?
- ◆ Im nächsten Jahr.
- ◇ Viel Glück!

* **Wofür interessieren Sie sich?**	Ich interessiere mich für .....
Womit beschäftigen Sie sich?	Ich beschäftige mich mit .....

Fächer

* **Was ist Ihr Lieblingsfach?**	Deutsch/Englisch/Koreanisch
	Musik
Mein Lieblingsfach ist ...	Geschichte
Ich interessiere mich für ...	Mathematik
	Biologie
	Chemie
	Physik
	Sport
	Erdkunde
	Philosophie
	Theologie

◇ Was? Warum willst du noch einen Beruf lernen?
Hast du keinen Spaß am Studium?
◆ Doch, mir macht das Studium viel Spaß.
◇ Hast du Zukunftsangst?
◆ Sicher, es gibt wenig Stellen für Akademiker.

C ◇ In welcher Branche wollen Sie arbeiten.
◆ Ich weiß noch nicht.
◇ Sie studieren seit vier Jahren Informatik, nicht wahr?
◆ Ja, es wäre schön, wenn ich mich
mit Computer beschäftigen könnte.

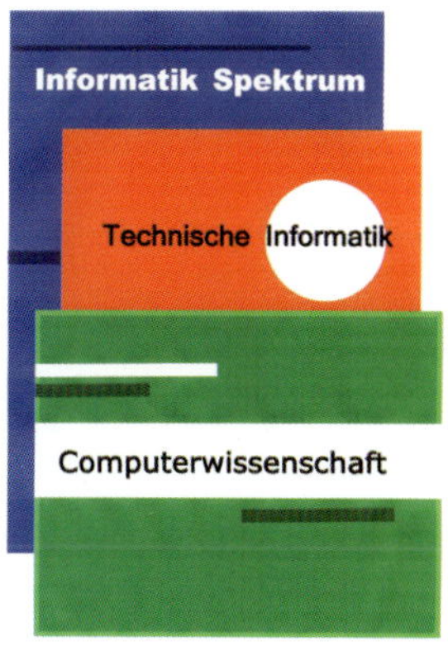

◇ Was sind Sie von Beruf?
◆ Ich bin Komponist.
◇ Das ist ein schöner Beruf.
Interessieren Sie sich für Beethoven?
◆ Ja, er ist mein Lieblingskomponist.

D ◇ Was sind Sie von Beruf, Herr Vogel?
◆ Ich bin Arzt.
◇ Sind Sie zufrieden?
◆ Na, es geht. Ich verdiene viel Geld,
aber ich habe keine Freizeit.

◇ Suchen Sie einen anderen Beruf,
Herr Vogel?
◆ Ja, mein Traumberuf ist Kapitän.
Wenn ich Zeit hätte,
würde ich dann jeden Tag segeln.

*** Was will sie/er nach dem Studium werden?**

Tanja will Lehrerin werden.
Klaus will Lehrer werden.

Ingenieur Beamter Arzt Krankenschwester Arzthelferin Erzieherin
Architekt Komponist Musiker Regisseur Schauspieler Sportler Koch
Journalist Sekretärin Anwalt Landwirt Reiseleiter Automechaniker

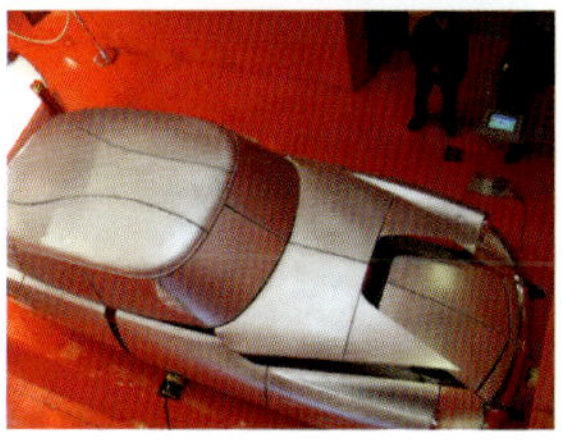

*** Üben Sie zu zweit: Fragen Sie und antworten Sie!**

☆☆☆ Was wollen Sie werden?
Was wollen Sie studieren?
Wofür interessieren Sie sich?
Wann sind Sie mit dem Studium fertig?
Was sind Sie von Beruf?
Sind Sie zufrieden?
☆ Was ist Ihr Lieblingsfach?
In welcher Branche wollen Sie arbeiten?
Interessieren Sie sich für Beethoven?
Womit beschäftigen Sie sich?

*** Schreiben Sie drei Sätze!**
Benutzen Sie die folgenden Wörter und Wendungen!

zufrieden Traumberuf Lieblingsfach Akademiker
zu wenig Stellen sich interessieren sich beschäftigen fertig sein

Grammatik 문법 10

1 미래시제 werden +동사의 부정형:

Du wirst groß. Ich werde Musiker. Er wird am Wochenende kommen.

ich	werde	wir	werden
du	wirst	ihr	werdet
er sie es	wird	sie/Sie	werden

2 재귀동사 주어가 자신을 목적어(재귀대명사)로 만드는 행위를 할 때 사용하는 동사

sich freuen	Ich freue mich **über** deinen Erfolg.(과거에 일어난 일) Ich freue mich **auf** deinen Besuch.(미래에 일어날 일)
sich interessieren	Er interessiert sich für Musik.
sich beschäftigen	Ich beschäftige mich mit Computer.
sich erinnern	Ich erinnere mich an unseren schönen Urlaub.

3 재귀 대명사 3인칭과 존칭 Sie에서는 sich를, 그외에는 인칭대명사를 그대로 사용한다.

	ich	du	er sie es	wir	ihr	sie/Sie
3격	mir	dir	sich	uns	euch	sich
4격	mich	dich	sich	uns	euch	sich

4 접속법 II

	sein	haben	werden	sagen
ich	wäre	hätte	würde	sagte
du	wärest	hättest	würdest	sagtest
er sie es	wäre	hätte	würde	sagte
wir	wären	hätten	würden	sagten
ihr	wäret	hättet	würdet	sagtet
sie/Sie	wären	hätten	würden	sagten

1) 현실과 반대 Wenn er Geld hätte, hätte er studiert. (그에게 돈이 있다면 대학을 다닐텐데.)
2) 마치 ~인 것처럼 Er sagt, als wäre er Chef. (그는 마치 사장인 것처럼 말한다.)
3) 비현실적 가정 Wenn er ein Vogel wäre, flöge er zu dir. (그가 새라면 네게 날아갈 텐데.)
4) 겸손, 부탁, 희망 Ich hätte gern ein Bier.(맥주를 마시고 싶습니다.)

☞ 접속법 I 식은 134쪽 참고!

5 전치사와 의문·지시대명사

Wofür (= für was) interessieren Sie sich?
Ich interessiere mich für Musik. Ja, dafür (= für das) interessiere ich mich auch.

6 유용한 표현

viel Glück viel Erfolg viel Geld viel Spaß bestimmt nicht wahr

Lektion 11

Was haben Sie gestern gemacht?

A
◇ Was haben Sie gestern gemacht?
◆ Ich bin ins Schwimmbad gegangen.
◇ Wie war's?
◆ Toll! Es war sehr angenehm.

◇ Hat es heute Morgen geregnet?
Ich habe lange geschlafen.
◆ Nein, es hat nicht geregnet.
Vielleicht regnet es heute Nachmittag.

◇ Wo haben Sie Deutsch gelernt?
◆ In der Schule habe ich Deutsch gelernt.
◇ Wie lange?
◆ Zwei Jahre.

◇ Sind Sie schon einmal nach Europa geflogen, Herr Lee?
◆ Nein, noch nie.

B ◇ Min-Gi, hast du schon einmal im Ausland gelebt?
◆ Ja, ich war ein Jahr in Deutschland.
Dort habe ich einen Sprachkurs besucht.
◇ Hast du dein Deutsch verbessert?
◆ Ja, das glaube ich.

◇ Tina, wie war die Reise nach Berlin?
◆ Die Reise war ganz fantastisch.
Warst du schon mal in Berlin?
◇ Ja, im letzten Sommer habe ich da Urlaub gemacht.

C ◇ Wo waren Sie am Wochenende?
◆ Ich und Max sind nach Kyong-Ju gefahren.
◇ Wie war das Wetter?
◆ Wunderschön.
◇ Was haben Sie in der Altstadt gemacht?
◆ Wir haben das Museum besucht.

☎ ◇ Peter, hast du mich gestern angerufen?
◆ Ja, Mama, ich kann nicht nach Hause kommen.
Alex hat mich zu seiner Einweihungsparty eingeladen.
◇ Na ja, kommst du dann am nächsten Wochenende?
◆ Ja, natürlich.

◇ Annelie, bist du gestern nach Köln gefahren?
◆ Nein, ich bin zu Hause geblieben, weil ich zu müde war.

◇ Lisa, bist du gestern spazieren gegangen?
◆ Nein, es hat geregnet.
Ich habe den ganzen Tag ferngesehen.
◇ Hast du was Interessantes gesehen?
◆ Na ja, nichts Besonderes.

D ◇ Sven, was hast du am Samstag gemacht?
◆ Ich habe im Garten gearbeitet und mein Auto gewaschen.
Danach bin ich zum Essen gegangen.
◇ Wo denn? War das Essen gut?
◆ Im Restaurant *Elefant* habe ich eine Pizza gegessen.
Das Essen hat mir gut geschmeckt.

◇ Franz, du siehst müde aus.
◆ Ja, du hast recht.
Gestern habe ich Fußball gespielt.
Danach bin ich in eine Kneipe gegangen und habe Freunde getroffen.
◇ Ich glaube, du hast viel getrunken.
◆ Ja, stimmt.
Morgens gegen 1 Uhr bin ich ins Bett gegangen.

*** Manfred, was hast du am Samstag gemacht?**

Manfred hat lange .....

Er hat Zeitung .....

Am Samstag schläft Manfred lange.
Er liest Zeitung.
Er ruft seine Mutter an.
Er geht schwimmen.
Er besucht seinen Freund Klaus.
Sie spielen lang mit dem Computer.
Abends geht er in die Diskothek.
Dort trifft er seine Freunde.
Er tanzt gern.
Erst nachts um 1 Uhr kommt er nach Hause.
Er ist sehr müde.

*** Was haben Sie gestern gemacht?** Ich habe **Fußball** gespielt.

*** Wer spielt ...?**

Tennis Tischtennis Federball Volleyball Klavier Gitarre Violine Saxophon Flöte Schlagzeug

* sein(haben) + ...

sein + ...

Am liebsten fahre ich Rollschuhe.	Bist du gestern Rollschuhe gefahren?
Am liebsten fahre ich Skateboard.	Bist du gestern Skateboard gefahren?
Am liebsten fahre ich mit dem Zug.	Bist du gestern mit dem Zug gefahren?

haben + ...

Was haben Sie gerade gegessen?	Ich habe ein Eis gegessen.
Was hast du eingekauft?	Ich habe Bananen eingekauft.
Was hast du gekocht?	Ich habe Spaghetti gekocht.
Was haben Sie gebacken?	Ich habe Kuchen gebacken.

* Was hat Steffi in der Schule gemacht?

Wie war Steffis Schultag?

Steffi hat immer Hunger in der Pause.
Sie isst am liebsten ein Käsebrot und einen Apfel.
Sie trinkt immer Milch.
Manchmal isst sie einen Schokoriegel.

∗ Üben Sie zu zweit: Fragen Sie und antworten Sie!

☆☆☆ Was haben Sie gestern gemacht?
Wie war die Reise nach Berlin?
Wo waren Sie am Wochenende?
Waren Sie schon mal im Ausland?
Wie war das Wetter?
Hat es geregnet?
☆ Wo haben Sie Deutsch gelernt?
Wo sind Sie gewesen?
Haben Sie Fotos gemacht?
Wo haben Sie gegessen?

∗ Schreiben Sie drei Sätze!
Benutzen Sie die folgenden Wörter und Wendungen!

aussehen besuchen Sehenswürdigkeiten müde nichts Besonderes was Interessantes

독일의 명소 5 Rhein 강변

Rhein 강변 하이킹 길

Grammatik 문법 11

1 동사의 과거인칭변화 : 규칙동사 과거형은 어간에 **~te**를 붙인다. machen - machte

1) 규칙동사

ich	machte	wir	machte-n
du	machte-st	ihr	machte-t
er sie es	machte	sie/Sie	machte-n

2) 불규칙동사

인칭대명사	sein	haben	werden
ich	war	hatte	wurde
du	war-st	hatte-st	wurde-st
er sie es	war	hatte	wurde
wir	war-en	hatte-n	wurde-n
ihr	war-t	hatte-t	wurde-t
sie/Sie	war-en	hatte-n	wurde-n

2 현재완료형

현재완료형은 haben과 sein을 조동사로 쓰고 동사는 과거분사를 사용한다.
규칙동사의 과거분사형태: **ge + 부정형어간 + t** gemacht
분리동사의 과거분사형태는 분리전철과 동사어간 사이에 **ge**가 들어간다. abgemacht
-ieren으로 끝나는 외래어에서는 ge를 쓰지않는다. studiert

*** haben + 과거분사(타동사): 대부분의 동사**

Was hast du studiert?
Ich habe ein Buch gekauft.

*** sein + 과거분사(자동사): 움직임, 상태의 변화, sein bleiben begegnen**

Wohin bist du gegangen?
Sie ist Mutter geworden.
Wir sind zwei Wochen geblieben.

3 비분리동사 : 비분리 전철(be, ge, ver 등)이 붙으면 과거분사를 만들때 분리되지 않는다.
Er hat seine Eltern besucht.
Das Haus hat mir sehr gut gefallen.
Hast du dein Deutsch verbessert?

4 의문대명사 Was für ein ... ? ~ 어떤 종류의

Was für ein Buch ist das?	Ein lustiges.
Was für einen Wagen haben Sie?	Einen roten.

5 유용한 표현

danach noch nie manchmal toll angenehm da Ich glaube

Lektion 12

Briefe und Lebenslauf schreiben

* Postkarte schreiben

Heute schreibt Antje eine Ansichtskarte an Klaus.
Klaus ist Antjes Schulfreund.
Er studiert jetzt in München, aber seine Eltern wohnen in Köln.

A

Köln, den 1.7.2010

Lieber Klaus,
wie geht es Dir? Mir geht es gut.
Wir haben ja jetzt Ferien! Am 19.Juli habe ich meinen zwanzigsten Geburtstag. Ich gebe eine große Gartenparty. Besuchst Du wieder Deine Eltern? Komm doch bitte!
Wir können bis morgen feiern.
Bis bald, viele Grüße

Deine Antje

An Herrn Klaus Brandt
Mozartstr. 5
80336 München
Deutschland

* Briefe schreiben
– Umschlag von einem Brief

* Abs. Antje Kohl
Albertus-Magnus-Platz 10
50293 Köln

** An Herrn Klaus Brandt
Mozartstr. 5
80336 München

* 발신자표시 Abs. (=Absender)는 왼쪽 상단에 쓴다.
** 수신자는 우측 하단에 전치사 an을 쓰고 **4격**을 쓴다.
주소는 작은 단위에서 큰 단위 순으로 쓴다.

– Schreiben Sie einen Brief!

B Karl schreibt einen Brief an Anna.

Weimar, den 12. Mai 2009

Liebe Anna,

endlich habe ich Zeit für Dich! Wie geht's Dir? Ich hoffe, es geht Dir gut. Ich wohne jetzt in Weimar. Im April habe ich in Dresden meine Ausbildung beendet, und danach habe ich in Weimar eine Stelle gefunden. Ich bin sehr glücklich. Ich habe nette Kollegen und verdiene auch gut. Meine neue Wohnung ist im Grünen, etwas außerhalb der Stadt. Sie hat zwei Zimmer, Küche und Bad. Zur Arbeit fahre ich mit dem Fahrrad. Es dauert ungefähr 20 Minuten. Ich will am nächsten Freitag nach Berlin fahren. Ich möchte mit Dir in die schöne Umgebung Berlins Ausflüge machen.

Schreib mir mal, wie es Dir geht.

Herzliche Grüße

Dein Karl

*** 공적인 편지 : Sehr geehrte Damen und Herren 으로 시작

* Einladungskarte schreiben

C

Runder Geburtstag

Einladung zur Geburtstagsparty

Zu meinem 20. Geburtstag lade ich Euch alle ein.
Die Party fängt am Samstag, dem 19. August,
um 19 Uhr in unserem Garten an.
Gute Laune ist mitzubringen.

Herzliche Grüße
Dein Klaus

– Einladung zur Einweihungsparty

Einladung zur Einweihung

Endlich sind wir gezogen.
Nach der harten Arbeit
wollen wir nun feiern.
Wir laden euch herzlich ein!

10. Mai 2009, um 17 Uhr bei Andreas.
Mozartstr. 10, Hamburg

Alles Gute!

Viel Glück!

Herzlichen Glückwunsch zum Geburtstag!

– Ich möchte Sie zum/zur __________ einladen.

Weihnachtsfeier
Jubiläumsfeier
Hochzeitsparty
Silvesterfeier
Grillfest
Eröffnungsfeier

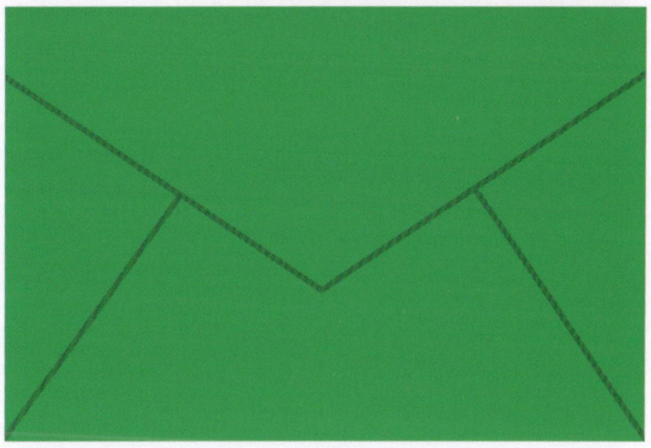

D * Eine E-Mail von Helmut an Brigitte

Köln, den 19.12.2009

Liebe Brigitte,

ich wünsche Dir fröhliche Weihnachten und ein glückliches neues Jahr.
Wann machst Du endlich Urlaub? Hoffentlich besuchst Du mich bald.
Hier schneit es sehr viel. Wie im letzten Winter können wir zusammen
Ski fahren, wenn Du hierher kommst. Das macht sehr viel Spaß.
Bis bald!

Herzliche Grüße
Dein Helmut

* Eine E-Mail an die Touristeninformation in Berlin

Wien, den 19. Juni 2009

Sehr geehrte Damen und Herren,

ich möchte im Juli Berlin besuchen.
Ich möchte wissen: Wie teuer sind die Hotels in Berlin?
Welche Sehenswürdigkeiten gibt es in Berlin?

Mit freundlichen Grüßen
Volker Braun

* Schreiben Sie eine E-Mail mit ca. 30 Wörtern! Vergessen Sie nicht Anrede, Gruß und Unterschrift!

E * Mein Leben

Ich bin am 30.05.1987 in Leipzig geboren.
Von 1993 bis 2006 habe ich die Schule in Berlin besucht.
2006 machte ich die Abschlussprüfung.
Von 2006 bis 2011 studierte ich an der Universität in Berlin.
2011 habe ich mein Studium mit BA abgeschlossen.
Seit 2012 arbeite ich bei der Firma Siemens.
Ich bin ledig und lebe allein.

* Lebenslauf schreiben

Persönliche Daten	
Name	Max Beckmann
Anschrift	Ludwigsweg 45 04315 Leipzig Tel. 021/78 56 34 beckmann@unister.de
geboren am	30.05.1987 in Leipzig
Familienstand	Ledig
Schulausbildung	
1993 - 2006	Volks-, Mittelschule, Gymnasium in Leipzig: Abiturnote 2,2
Studium	
10/2006 - 07/2008	Studium der Betriebswirtschaft an der Universität Leipzig: Vordiplom mit Note 1,9
09/2008 - 03/2009	Auslandsstudium an der Universität Paris
03/2009 - 07/2011	Studium der Betriebswirtschaftslehre an der Ludwig Maximilian Universität München, Abschluss: "Diplom Kaufmann" mit Note 1,7
Praktika	
07/2010 - 09/2010	Praktikum im Bereich Wirtschaftsprüfung bei der Bosch AG
Tätigkeiten	
07/2009 - 07/2010	Institut für Empirische Wirtschaftsforschung, Leipzig: Arbeit als studentische Hilfskraft
Kenntnisse	
EDV	Microsoft Packages (Windows/ Office), Adobe Photoshop, HTML, Internet
Fremdsprachen	Englisch: fließend Koreanisch: Grundkenntnisse

독일의 명소 6 Bayreuth

* Wagner-Festspiele(바그너 오페라 축제)

바그너가 바이로이트에 정착한 1872년에 초석이 놓인 축제극장에서 매년 7월 말에서 8월 말까지 한 달 동안 열리는 바그너 오페라 축제는 국제적인 명성을 갖고 있어 향후 10년간의 공연티켓이 매진된다.

바그너의 오페라 공연이 열리는 축제극장(Festspielhaus)

성장하고 입장하는 관객들

바그너

바그너와 그의 장인 리스트가 바이로이트에 묻혀있다.

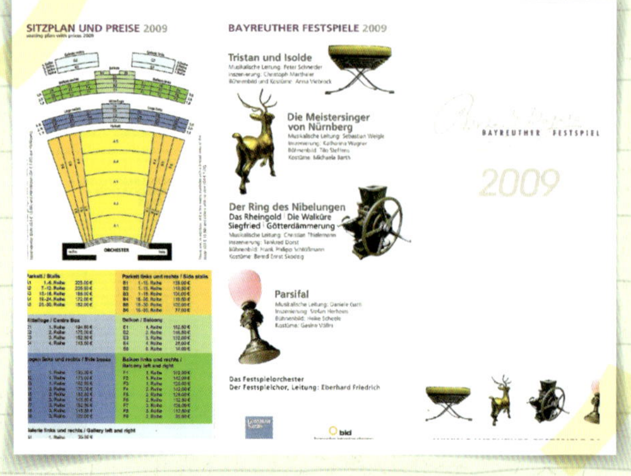

2009년 Festspiele 공연 팜플렛

Viel Spaß mit Deutsch!

Arbeitsbuch

- Übungen (1-12)
- Grammatikübersicht

(A) Ergänzen Sie!

1 Du komm____ aus Deutschland.
2 Ich studier____ in Berlin.
3 Sprech____ Sie Deutsch, Frau Bauer?
4 Er heiß____ Peter.
5 Ich wohn____ in Paris.
6 Sabine studier____ Musik.
7 Wer ____ du?
8 Ich ____ Julia.

(B) Ergänzen Sie!

wo	woher	wie	was	wer

1 __________ heißen Sie?
2 __________ wohnen Sie?
3 __________ kommen Sie?
4 __________ studieren Sie?
5 __________ machst du?
6 __________ bist du?
7 __________ geht es Ihnen?

(C) Was passt zusammen?

1 Geht's Ihnen gut?	Bitte schön!
2 Was sprechen Sie?	Danke, super.
3 Wohnt er in China?	Nein, in Japan.
4 Was machen Sie?	Koreanisch.
5 Danke schön.	Ich studiere.

(D) Ergänzen Sie!

1 ______ geht es gut. (ich)
2 Wie geht es ______? (Sie)
3 Wie geht es ______? (du)
4 ______ Morgen! (gut)
5 ______ Nacht! (gut)
6 ______ Wiedersehen!
7 Was sind Sie ______ Beruf?

(E) Was spricht man in

1 Deutschland? ______________
2 England? ______________
3 Österreich? ______________
4 China? ______________
5 Korea? ______________

A Ergänzen Sie!

1 Das ist _______ Mutter. (mein)
2 Wo ist _______ Vater? (dein)
3 Hast du _______ Schwester? (ein)
4 Ja, ich habe _______ Bruder. (ein)
5 Sag mal, wo ist _______ Kind? (dein)

B Ergänzen Sie!

er es sie sie(Pl)

1 Das ist mein Mann. _______ ist groß.
2 Ich habe eine Schwester. _______ ist schön.
3 Ich habe einen Hund und eine Katze.
_______ sind sehr klug.
4 Das ist mein Kind. _______ ist sehr lieb.
5 Meine Großeltern haben zwei Enkelkinder.
_______ sind noch ledig.

C Ergänzen Sie die Endung!

1 Wo leb_____ ihr?
2 Er arbeit_____ bei Volkswagen.
3 Was mach_____ Vera und Kraft?
4 Was find_____ du?
5 Wie heiß_____ er?

D Ergänzen Sie!

sein haben

1 Du ________ eine Tochter.
Du ________ fleißig.
2 Das ________ meine Eltern.
Sie ________ einen Sohn und eine Tochter.
3 Mein Sohn ________ 20 Jahre alt.
Er ________ eine Freundin.
4 Mein Kind ________ ein Buch.
Es ________ sehr schön.

E Ergänzen Sie!

mein dein sein ihr Ihr

1 Wo sind ________ Eltern, Vera?
2 Guten Tag, ________ Name ist Kraft.
3 Ist das ________ Sohn, Herr Wolf?
4 Frau Kim ist ________ Tante.
Ich bin ________ Nichte.
5 Paul ist ________ Mann.
Ich bin ________ Frau.

F Was bedeuten die Wörter?

1 die Eltern meines Vaters	die Tante
2 die Frau meines Bruders	der Cousin
3 die Kinder meiner Tochter	die Großeltern
4 der Sohn meiner Tante	die Enkelkinder
5 der Bruder meiner Mutter	der Onkel
6 der Mann meiner Schwester	der Schwager
7 die Schwester meines Vaters	die Schwiegereltern
8 die Eltern meines Mannes	die Schwägerin

(A) Ergänzen Sie!

1 Was ________ du gern? (nehmen)
2 ________ ihr Reis? (schmecken)
3 ________ Sie gern Fleisch? (essen)
4 ________ das Kind Deutsch? (sprechen)
5 Wie ________ Ihnen das Café? (gefallen)
6 Er ________ es nicht. (wissen)

(B) Ergänzen Sie!

möchten

1 Was ________ Sie trinken?
2 ________ du etwas essen?
3 Ich ________ nur etwas trinken.
4 ________ Frau Meier hier essen?
5 Wir ________ die Rechnung.

(C) Ergänzen Sie!

mir dir Ihnen ihm ihr ihnen

1 Wie geht es ______, Herr Müller? Danke, ______ geht es gut.
2 Wie schmeckt ______ der Schweinebraten, Hans? Er schmeckt ______ nicht schlecht.
3 Hilfst du gern deinen Eltern? Ja, ich helfe ______ gern.
4 Gefällt die Stadt deinem Freund? Nein, sie gefällt ______ nicht so gut.
5 Gefällt das Essen Vera? Ja, es gefällt ______ sehr gut.

(D) Antworten Sie!

1 Hast du keine Zeit?
Nein, ich habe ______ Zeit.

2 Haben Sie keinen Hunger?
______, ich habe Hunger.

3 Haben Sie Durst?
______, ich habe Durst.

4 Haben Sie keinen Durst?
______, ich habe Durst.

(E) Lesen Sie und kreuzen Sie an! Richtig oder falsch?

Heute isst meine Familie im Restaurant. Mein Vater möchte einen Schweinebraten mit Salat, meine Mutter ein Hähnchen mit Kartoffeln, und ich ein Steak mit Nudeln und Salat. Meine Eltern bestellen eine Flasche Rotwein, ich trinke aber ein Bier. Das Essen schmeckt sehr gut. Als Nachtisch esse ich ein Eis. Das Essen kostet zusammen 75 Euro 30. Mein Vater bezahlt 77 Euro.

		richtig	oder	**falsch**
1	Meine Familie möchte im Restaurant essen.	☐		☐
2	Ich hätte Reis.	☐		☐
3	Meine Mutter isst Fisch.	☐		☐
4	Wir hätten eine Flasche Weißwein.	☐		☐
5	Mein Vater hätte einen Schweinebraten mit Salat.	☐		☐
6	Ich hätte als Nachtisch einen Kuchen.	☐		☐
7	Meine Mutter bezahlt die Rechnung.	☐		☐
8	Mein Vater gibt 2 Euro Trinkgeld.	☐		☐

(F) Bilden Sie Wörter mit dem Artikel!

der Liebling + das Essen = ____________

A Ergänzen Sie!

dürfen können

1 ______ man hier rauchen?
2 ______ ich Ihnen helfen?
3 Mein Vater ______ gut schwimmen.
4 Er ______ kein Wort Französisch sprechen.
5 Das ______ du nicht, das ist verboten!
6 Ich ______ keinen Kaffee trinken. Ich gehe jetzt ins Bett.

B Schreiben Sie auf Deutsch!

1 Handynummer
2 2009
3 16 Euro 79
4 1988
5 im 3. Stock

C Ergänzen Sie! Singular oder Plural? Endung oder keine Endung? Mit oder ohne Umlaut?

1 Er hat zwei Kind____.
2 Ich möchte drei Pfund____ Tomate____.
3 Ich habe vier Apfel____ im Korb.
4 Ich brauche drei Flasche____ Rotwein.
5 Beim Essen trinkt er immer zwei Glas____ Bier.
6 Es sind zwei Fernseher____ in diesem Zimmer.

D Ergänzen Sie!

1 Kaufen Sie ______ ein Eis? (ich)
Ja, ich kaufe ______ ein Eis (du)

2 Brauchen Sie meine Hilfe?
Ich helfe ______ gern. (Sie)

E Lesen Sie und kreuzen Sie an! Richtig oder falsch?

Vera ist jetzt im Kaufhaus. Sie sucht einen Mantel. Endlich findet sie einen gelben Mantel. Der Mantel gefällt ihr sehr gut. Sie probiert ihn in einer Umkleidekabine an, aber er passt ihr nicht. Er ist zu groß. Die Verkäuferin zeigt ihr einen dunkelblauen Mantel. Er steht ihr gut und ist preisgünstig. Sie nimmt ihn. Sie will noch eine weiße Bluse. Sie findet eine schöne Bluse, aber sie ist zu teuer. Vera kauft sie nicht.

		richtig	oder	**falsch**
1	Vera will eine Jacke kaufen.	☐		☐
2	Sie geht ins Rathaus.	☐		☐
3	Endlich findet sie einen gelben Mantel.	☐		☐
4	Der gelbe Mantel gefällt ihr nicht so gut.	☐		☐
5	Er ist zu groß.	☐		☐
6	Der dunkelblaue Mantel ist sehr teuer.	☐		☐
7	Vera braucht nur einen Mantel.	☐		☐
8	Sie braucht noch eine weiße Bluse.	☐		☐
9	Vera findet keine weiße Bluse im Kaufhaus.	☐		☐
10	Sie kauft auch die weiße Bluse.	☐		☐

Ⓐ Ergänzen Sie.

ein - eine - der - das - die - x

1 Wie gefällt Ihnen hier _____ Wohnung? Meinen Sie _____ da?
2 Sagen Sie mal, ist hier auch _____ Balkon?
3 _____ Küche ist nicht groß, aber sehr modern.
4 In _____ Haus 9 wohne ich.
5 _____ Sofa ist bequem.
6 Klaus hat _____ schöne Wohnung.
7 _____ Bad ist hell und ruhig.
8 Hat _____ Haus _____ Toilette?
9 Ich gehe in _____ Haus.
10 Suchen Sie noch _____ Zimmer in Köln?

Ⓑ Was passt zusammen?

1 Die Eltern schlafen.	das Wohnzimmer
2 Ich wasche Hände.	das Studentenheim
3 Die Schüler lesen Bücher.	der Garten
4 Der Vater sieht fern.	das Kinderzimmer
5 Die Mutter macht Salat.	das Schlafzimmer
6 Die Studenten wohnen.	das Bad
7 Es gibt viele Spielzeuge.	die Bibliothek
8 Ich gieße die Blumen.	die Gästezimmer
9 Ich habe Besuch.	die Küche
10 Mein Bruder liegt in der Sonne.	die Terrasse

Ⓒ Was passt zusammen?

1 das Handy	Techno
2 der Tisch	Internet
3 der Schlüssel	Vase
4 die Blume	Batterien
5 der Computer	Glühbirne
6 MP3-Player	Film
7 die Kamera	Stuhl
8 der Kühlschrank	Tür
9 die Lampe	Elektrogerät
10 die Kaffeemaschine	Eis

D Lesen Sie und kreuzen Sie an! Richtig oder falsch?

Meine Eltern wohnen in Düsseldorf. Ihre Wohnung liegt im Zentrum. Sie hat 3 Zimmer, eine Küche, ein Bad, ein Gäste-WC, einen Keller und eine Garage. Das Bad ist hell. Die Wohnung ist 102 m^2 groß. Sie bezahlen 1200 Euro kalt. Das ist nicht billig. Jetzt suchen sie eine neue Wohnung. Die Immobilienfirma Bauer hat ein Angebot. Das Haus ist nicht groß, aber es hat einen schönen Garten. Das Wohnzimmer hat sogar eine große Terrasse. Meine Eltern sind zufrieden und wollen bald umziehen, denn sie arbeiten gern im Garten.

		richtig	oder	**falsch**
1	Meine Eltern wohnen in München.	☐		☐
2	Ihre Wohnung in Düsseldorf ist teuer.	☐		☐
3	Die Wohnung liegt ausserhalb.	☐		☐
4	Die Wohnung hat einen Balkon.	☐		☐
5	Das Bad ist dunkel.	☐		☐
6	Die Eltern suchen ein Haus ohne Garten.	☐		☐
7	Die Eltern finden den Garten schön.	☐		☐
8	Das Haus mit Garten gefällt meinen Eltern.	☐		☐
9	Meine Eltern arbeiten nicht gern im Garten.	☐		☐

E Ordnen Sie die Wörter.

1 ihren Eltern - wohnen - Steffi - bei - wollen - nicht

____

2 die Wohnungsanzeigen - lesen - ich - in der Zeitung

____

3 Möbel - kaufen - ich - im Kaufhaus - müssen

____

4 eine Lampe - einen Fernseher - ich - brauchen - und

____

5 funktionieren - kaputt - und - mein Computer - nicht - sein

____

6 müssen - du - das Bett - kaufen - ?

____

7 wollen - mein Bruder - Stühle - bestellen

____

8 Schlafzimmer - müssen - klein - nicht - sein

____

9 kosten - das Haus - Miete - 100 Euro

____

10 wollen - bezahlen - das - nicht - wir

____

Ⓐ Ergänzen Sie!

jede	jeden	Morgen	Tag	Abend	Nacht

1 Mein Vater sieht ______ ______ fern.
2 Meine Mutter isst ______ ______ Obst.
3 Meine Kinder gehen ______ ______ früh ins Bett.
4 Er spielt ______ ______ Fußball, wenn es nicht regnet.
5 Ich rufe ______ ______ meine Eltern an.
6 Er trinkt ______ ______ Milch.
7 Ich lese ______ ______ Zeitung.
8 ______ ______ räumt Sabine ihr Zimmer auf.

Ⓑ Wann macht was Susanne am Samstag? Was passt zusammen?

Susanne steht gegen 8 Uhr auf.	Sie frühstückt um 8:30 Uhr.
Um 8:45 ruft sie die Mutter an.	Um 9:05 hört sie Musik.
Um 10:30 räumt sie auf.	Um 11:15 ruft sie ihre Freunde an.
Um 12:05 isst sie zu Mittag.	Um 1:10 lernt sie Deutsch.
Um 3:40 kauft sie ein.	Um 4:25 schwimmt sie.

Susanne

1	Am Samstag stehe ich spät auf.	fünf nach neun
2	Ich frühstücke.	zehn nach halb vier
3	Ich höre Musik.	fünf vor halb fünf
4	Ich räume auf.	zehn nach eins
5	Ich rufe die Mutter an.	gegen acht
6	Ich esse zu Mittag.	viertel nach elf
7	Ich rufe meine Freunde an.	halb neun
8	Ich schwimme.	kurz nach zwölf
9	Ich kaufe ein.	halb elf
10	Ich lerne Deutsch.	viertel vor neun

Ⓒ Was macht wer ?

1	aufstehen	(mein Opa)	Er ______________________
2	anrufen	(Johanna)	______________________
3	fernsehen	(meine Tante)	______________________
4	den Unterricht anfangen	(die Lehrerin)	______________________
5	mitkommen	(meine Eltern)	______________________
6	mitfahren	(du)	______________________

D Wie spät ist es? Schreiben Sie in Wörtern. z.B. Es ist zehn Uhr.

 ______________

 ______________

 ______________

 ______________

 ______________

 ______________

E Schreiben Sie die Uhrzeit!

1 fünf nach zwölf ______________
2 fünf vor halb eins ______________
3 zehn nach vier ______________
4 viertel nach neun ______________
5 zehn nach halb drei ______________
6 zwanzig vor elf ______________
7 viertel vor sieben ______________
8 halb sechs ______________
9 viertel vor halb acht ______________
10 viertel nach halb zwei ______________

F Ergänzen Sie!

am von bis um x

1 Wie lange dauert der Deutschkurs? _____ Montag _____ Donnerstag.
2 Ich möchte _____ sieben Uhr frühstücken.
3 Wie spät ist es jetzt? Es ist _____ zehn Uhr.
4 Der Bus fährt _____ zwei Uhr.
5 Ich mache _____ Samstag eine Party.

G Ergänzen Sie!

sollen

1 Was _______ ich tun?
2 Was _______ das heißen?
3 Du _______ nicht kaufen. Du hast kein Geld.
4 Ich bin krank.
Der Arzt sagt: Ich _______ im Bett bleiben.

Ⓐ Schreiben Sie die Fragen!

1	Spielen Sie gern Klavier ? Klavier, Sie, spielen, gern	Ja, ich spiele gern Klavier.
2	______________________ ? du, fahren, gern, Rad, nicht	Doch, ich fahre gern Rad.
3	______________________ ? Hobby, sein, hören, Ihr, Musik	Mein Hobby ist Musik Hören.
4	______________________ ? nicht, sie, warum, reisen	Leider hat sie wenig Zeit.
5	______________________ ? Sie, gern, singen	Nein, ich singe nicht gern.
6	______________________ ? deine Mutter, in der Freizeit, was, machen	In der Freizeit malt meine Mutter.
7	______________________ ? er, im Winter, machen, was	Im Winter fährt mein Vater gern Ski.
8	______________________ ? sie, machen, eine Party, wann	Am Samstag macht sie eine Party.
9	______________________ ? heute, sein, welcher Tag	Heute ist Montag.

Ⓑ Was ist richtig? Kreuzen Sie an!

1 Ich besuche gerne Bilder-Ausstellung. Mein Hobby ist
- ☐ tanzen.
- ☐ singen.
- ☐ malen.

2 Im Sommer mache ich Urlaub. Da kann man schön
- ☐ baden.
- ☐ Ski fahren.
- ☐ Schneeball werfen.

3 Ich bin sehr müde. Ich möchte
- ☐ Deutsch lernen.
- ☐ schlafen.
- ☐ Fußball spielen.

4 Heute regnet es den ganzen Tag. Ich will
- ☐ einen Spaziergang machen.
- ☐ Bücher lesen.
- ☐ Rad fahren.

5 Heute Abend lade ich meine Freunde ein. Ich will
- ☐ einkaufen.
- ☐ mein Auto waschen.
- ☐ reisen.

C Ergänzen Sie!

zum	am	um	bei	mit

1 Fritz macht _____ Samstag eine Party. Kommst du mit?
2 Hast du heute Abend Zeit? Ich möchte _____ dir tanzen gehen.
3 Wollen wir _____ vier _____ dir zusammen Tennis spielen?
4 Meine Eltern wollen _____ Wochenende einen Ausflug machen.
5 _____ Nachmittag nehme ich ein Sonnenbad.
6 Brigitte möchte mich _____ Essen einladen?
7 Der Film läuft _____ Dienstag _____ 6:00 Uhr.

D Antworten Sie!

ja	nein	doch

1 Lest ihr Bücher? _______, wir ____________________
2 Schläfst du nicht? _______, ich ____________________
3 Isst du gern Pizza? _______, ich ____________________
4 Sprichst du kein Deutsch? _______, ich ____________________
5 Essen Sie kein Brot? _______, ich ____________________
6 Nimmst du keinen Regenschirm? _______, ich ____________________

E Variieren Sie das Gespäch! Sie können die folgenden Ausdrücke verwenden.

Was willst du heute Abend **machen**, Helmut?(lernen)
Ich schlage vor, wir **lernen** zusammen.

1 Inline-Skate laufen
Ich schlage vor, ____________________
2 in die Disko gehen
Ich schlage vor, ____________________
3 kochen
Ich schlage vor, ____________________

F Wie oft macht man was? Ordnen Sie zu!

nie	selten	manchmal	oft	meistens	immer

1 Paul versteht die Hausaufgaben nicht.
Er muss viel lernen. Er sieht seine Freunde nicht _____.
2 Martin hat wenig Geld. Deshalb kocht er _____ zu Hause.
3 Der Zug hat _____ Verspätung. Er kommt _____ pünktlich.
4 Ich reise gern. Aber ich muss viel arbeiten.
Deshalb mache ich nur sehr _____ eine Reise.
5 Ich mache gerne Badeurlaub, aber _____ fahre ich auch in die Berge zum Wandern.
6 Lena mag Musik. Sie geht _____ ins Konzert.
7 Hannes ist Vegetarier. Fleisch isst er _____.

A Wie ist das Wetter? Ordnen Sie zu!

1	Man kann eine Grillparty in Garten machen.	neblig
2	Zu Hause hört man Musik. Man kann keinen Spaziergang machen.	kalt
3	Im Wald regnet es.	trocken
4	Man braucht einen Regenschirm.	heiß
5	Man sieht sehr schlecht. Deshalb muß er sehr vorsichtig Auto fahren.	sonnig
6	Es ist sehr angehnem.	regnerisch
7	Man nimmt ein Sonnenbad.	wolkig
8	Die Kinder schwimmen gern.	20 Grad
9	Heute fällt kein Regen.	warm

B Ergänzen Sie!

besuchen geben empfehlen dauern fahren finden
verreisen anbieten besichtigen kosten probieren

1 In Berlin ______ es viele Museen.
2 In Berlin möchte ich ein Konzert ______.
3 Reisen Sie nach Berlin? Da kann ich eine Stadtführung ________.
4 Wenn man ins Ausland ______, braucht man einen Pass.
5 Wenn man Auto ______, muss man seinen Führerschein dabei haben.
6 Ich bin zu Besuch in Berlin und möchte gerne die Stadt ________.
7 Die Stadtführung ______ 2 Stunden und ______ pro Person 20 Euro.
8 In Berlin ______ am Abend immer etwas statt, zum Beispiel Konzerte, Theater, Kabarett.
9 Gibt es berlinische Spezialitäten? Ich möchte gerne sie ________.
10 Welches Hotel können Sie uns ________?

C Wo ist man? Ergänzen Sie!

Café Kindergarten Reisebüro Apotheke Restaurant
Reinigung Post Hotel Bank Kneipe Friseur

1 Klaus will eine Reise nach Afrika buchen. Deshalb fragt er im ________.
2 Maria möchte ihrer Schwester Geld überweisen. Deshalb geht sie zur ________.
3 Ich möchte heute nicht zu Hause essen. Ich gehe ins ________.
4 Meine Mutter schickt mir ein Päckchen. Sie geht zur ________.
5 Gisela hat Kopfschmerzen. Sie sucht ________.
6 Ich möchte meine Freundin treffen und Kaffee trinken. Ich gehe ins ________.
7 Ilse ist Touristin in Berlin. Sie möchte heute Nacht im ______ übernachten.
8 Frau Bauer bringt ihren Enkel in den ______. Danach will sie einkaufen.
9 Madeleine will sich die Haare schneiden lassen. Sie geht zum ________.
10 Hans geht nach der Arbeit in die ______. Er trifft seine Freunde und trinkt ein Bier.
11 Ich habe keine Waschmaschine. Ich bringe meine Kleidung in die ________.

D Wie heißen die Jahreszeiten? Was passt zusammen?

Frühling	Sommer	Herbst	Winter

1 Viele Leute fahren ans Meer und machen einen Campingurlaub.
2 Die Kinder ziehen ihren wärmsten Mantel an und fahren Ski.
3 Die Wassermelonen schmecken jetzt am besten. Denn sie sind ganz frisch.
4 Die Bäume werden grün und die Blumen blüten.
5 Alles ist weiß, weil es sehr viel schneit.
6 Die Blätter fallen von den Bäumen.
7 Die Frösche sind wieder wach und die Vögel singen wieder.
8 Die Bären schlafen lang und tief.

E Ich bin auf Europareise: Schreiben Sie die Sätze mit folgenden Wörtern!

Heute bin ich in Zürich. Zürich ist schön.
Das Wetter ist fantastisch, die Leute sind toll.
Das Hotel ist herrlich.
Das Essen ist auch wunderbar.
Morgen fahre ich nach Praha.

Ort	Stadt	Wetter	Leute
Berlin	interessant	fantastisch	freundlich
Rom	schön	super	angenehm
München	wunderbar	schlecht	nett
Paris	herrlich	nicht so gut	toll
Wien	groß	gut	sympathisch

1 ______________________________.
2 ______________________________.
3 ______________________________.
4 ______________________________.
5 ______________________________.

F Wann sagt man was? Ordnen Sie zu!

1 Nach dem Essen.	Zahlen, bitte!
2 Petra entschuldigt sich bei mir.	Guten Appetit!
3 Ich habe heute Geburtstag.	Gute Besserung!
4 Ich bin in den Bergen abgerutscht.	Prost!
5 Vor dem Essen.	Herzlichen Glückwunsch!
6 Mein Bruder feiert seine Hochzeit.	Entschuldigung!
7 Oma ist krank. Wir wünschen ihr Gesundheit.	Hilfe!

Ⓐ Ergänzen Sie!

von aus bei zu nach gegenüber

1 Sie wohnt ________ ihrem Onkel.
2 Er kommt ________ der Schweiz.
3 Ich fahre ________ Berlin.
4 Am Wochenende bleibt er ________ Hause.
5 Sie kommt gerade ________ ihrem Büro.
6 Das Auto steht der Post ________.

Ⓑ Ergänzen Sie!

ab seit bei nach von

1 Ich habe ________ morgen Urlaub.
2 Er spielt ________ dem Uterricht Fußball.
3 ________ diesem schlechten Wetter gehen wir nicht spazieren.
4 Er ist ________ einem Monat in Korea.
5 ________ morgens bis abends arbeiten wir.

Ⓒ Ergänzen Sie!

zu aus × 2 mit × 2 nach

1 Ich gehe gern ________ Fuß.
2 Wir fahren ________ dem Zug.
3 Das Kind trinkt Milch ________ dem Glas.
4 ________ meiner Meinung hat er recht.
5 Der Ring ist ________ Gold.
6 Ich schreibe ________ dem Kugelschreiber.

Ⓓ Ergänzen Sie!

entlang um gegen durch bis

1 Der Bus fährt ________ den Tunnel.
2 Die Studenten sitzen ________ den Tisch.
3 Sie macht eine Reise ________ Österreich.
4 Das Fahrrad fährt ________ ein Auto.
5 Ich fahre heute ________ München.
6 Gehen Sie einfach diesen Weg ________.

Ⓔ Ergänzen Sie!

für ohne durch

1 Ich kaufe das Fahrrad ______ 300 Euro.
2 Die Mutter kocht ______ ihre Familie.
3 Ich habe sie ______ meine Schwester kennengelernt.
4 Sie trinkt Kaffee ______ Sahne.

Ergänzen Sie!

nach	mit	zu	am	entlang	um

Sabine fragt: Wie komme ich in die Stadtmitte?

Ralf antwortet:
1 Gehen Sie diese Straße immer geradeaus und dann ________ rechts.
2 Sie fahren zuerst ________ dem Bus und dann gehen Sie ________ Fuß.
3 Nehmen Sie die Straßenbahn. Und dann steigen Sie ________ Marktplatz aus.
4 Fahren Sie ________ Richtung Marktplatz und dann links.
5 Überqueren Sie den Marktplatz und gehen die Goethestraße ________.
6 Gehen Sie rechts ________ die Kirche herum und dann ________ links

G Was ist richtig? Kreuzen Sie an!

Anna: Entschuldigen Sie bitte! Wie komme ich zum Theater?

Boris: Gehen Sie hier die Sophiestraße geradeaus bis zur Post.
An der Post dann rechts in die Mozartstraße. Gehen Sie weiter geradeaus bis zur Ampel.
An der Ampel ist eine Apotheke.
Dort dann links in den Amselweg bis zum Marktplatz. Da ist das Theater.

	richtig	oder	falsch
1 Anna will zum Marktplatz gehen.	☐		☐
2 Anna soll einen Bus nehmen.	☐		☐
3 Anna kann zu Fuß gehen.	☐		☐
4 An der Ampel sieht man eine Apotheke.	☐		☐
5 Das Theater ist in der Mozartstraße.	☐		☐
6 Die Apotheke liegt an der Sophienstraße.	☐		☐
7 Anna soll lieber ein Taxi nehmen.	☐		☐

H Setzen Sie in die Lücken die richtigen Artikel ein!

1 Wo steht er?	Er steht unter _______ Baum.
Wohin fährt er?	Er fährt unter _______ Baum.
2 Wo steht das Fahrrad?	Das Fahrrad steht vor _______ Tür.
Wohin stellt sie das Fahrrad?	Sie stellt das Fahrrad vor _______ Tür.
3 Wo liegt das Buch?	Das Buch liegt auf _______ Treppe.
Wohin legt er das Buch?	Er legt das Buch auf _______ Treppe.
4 Wo bist du?	Ich bin in _______ Kaufhaus.
Wohin willst du gehen?	Ich will in _______ Kaufhaus gehen.
5 Wo steht das Auto?	Das Auto steht neben _______ Post.
Wohin fährt das Auto?	Das Auto fährt neben _______ Post.
6 Wo sitzt das Kind?	Das Kind sitzt an _______ Fenster.
Wohin geht das Kind?	Das Kind geht an _______ Fenster.

Ⓐ Ergänzen Sie mit *werden!*

1 Im nächsten Jahr ________ ich Lehrer.
2 Warum willst du Musiker ________ ?
3 ________ Sie bald Mutter, Frau Bauer?
4 Was ________ du nach dem Studium?
5 Er und sein Bruder ________ Ingenieur.
6 Meine Tante macht Examen. Sie ________ Ärztin.
7 Ich ________ Abitur machen.
8 Meine Eltern ________ älter.
9 Er ________ guter Arzt.

Ⓑ Was passt zusammen?

1	Er will im Krankenhaus arbeiten.	Physik
2	Er interessiert sich für die deutsche Literatur.	Architektur
3	Mein Bruder will Anwalt werden.	Politik
4	Ich werde wie Einstein.	Sport
5	Meine Schwester will Malerin werden.	Germanistik
6	Sie beschäftigt sich gern mit Computer.	Informatik
7	Er will schöne Häuser bauen.	Kunst
8	Er wird Pfarrer.	Theologie
9	Martin spielt jeden Tag Fußball.	Jura
10	Er will im Rathaus arbeiten.	Medizin

Ⓒ Ergänzen Sie!

mir mich dir dich sich uns

1 Ich habe ________ erkältet.
2 Du sollst ________ die Jacke anziehen.
3 Wir interessieren ________ für Fußball.
4 Die Kinder waschen ________ nicht gern.
5 Meine Mutter beschäftigt ________ immer mit Kochen.
6 Die Lehrerin ärgert ________ über ihre Schüler.
7 Ich wasche ________ die Hände nicht oft.
8 Er entschuldigt ________.

D Was passt zusammen?

1	Viel Erfolg!	Was sagt man am Silvester?
2	Viel Spaß!	Er geht zur Party.
3	Vorsicht!	Sie hat eine Prüfung.
4	Viel Glück!	Sie heiratet.
5	Gesundheit!	Er niest.
6	Gute Besserung!	Er fährt Motorrad.
7	Ich drücke die Daumen.	Sie hat ein Vorstellungsgespräch.
8	Einen guten Rutsch!	Er ist krank.

E Was ist richtig?

1 Ich kaufe ☐ mir ☐ mich ein Buch.

2 Du setzt ☐ dir ☐ dich auf den Stuhl.

3 Du sollst ☐ dir ☐ dich die Hände waschen.

4 Er sucht ☐ ihm ☐ sich die Wohnung.

5 Ich erinnere ☐ mir ☐ mich an den Film.

F Was ist richtig? Kreuzen Sie an!

Ich studiere seit 3 Jahren Informatik und Deutsch. Im nächsten Winter schließe ich mein Studium ab. Nach dem Studium will ich in einer deutschen Computerbranche ein Praktikum machen. Da kann ich durch Praxis weiter lernen und Deutsch verbessern. Danach suche ich eine Stelle bei einer koreanisch-deutschen Firma.

		richtig	oder	**falsch**
1	Ich studiere Biologie.	☐		☐
2	Ich habe noch 3 Jahre bis zum Abschluß meines Studiums.	☐		☐
3	Ich will Lehrer werden.	☐		☐
4	Ich spreche Deutsch.	☐		☐
5	Ich will in Deutschland studieren.	☐		☐
6	Nach dem Studium will ich mich mit Computer beschäftigen.	☐		☐

A Ergänzen Sie die Verben im Präteritum!

1 Ich ________ am letzten Freitag Fußball. (spielen)
2 Meine Eltern ________ gestern mich. (besuchen)
3 Monika ________ vor einer Woche eine Jacke. (kaufen)
4 Der Lehrer ________ heute später. (kommen)
5 Ich ________ am letzten Wochenende nach Frankfurt. (fahren)
6 Mein Vater ________ mir vorgestern ein Buch. (geben)
7 Ich ________ gerne Pizza. (essen)
8 Meine Mutter ________ eine Reise in die Schweiz. (machen)
9 Nach dem Unterricht ________ Hans direkt nach Haus. (gehen)

B Bilden Sie die Partizip Perfekt-Formen ?

1 frühstücken **ge**frühstück**t**
2 lernen ________
3 gehen ________
4 verstehen ________
5 besuchen ________
6 passieren ________
7 entschuldigen ________
8 essen ________

C Ergänzen Sie die Infinitve!

1 gemacht machen
2 gegessen ________
3 geholfen ________
4 gefallen ________
5 ferngesehen ________
6 studiert ________

D Bilden Sie trennbare Verben im Perfekt!

1 anfangen Monika ________________
2 aufstehen Brigitte ________________
3 einkaufen Ich ________________
4 aufräumen Moritz ________________
5 anrufen Mein Freund ________________

E Welches Wort passt?

haben sein

1 Er ________ gestern Wein getrunken.
2 Wir ________ mit dem Zug gefahren.
3 Wohin ________ der Vogel geflogen?
4 Was ________ du gestern gemacht?
5 Ich ________ mich über das Geschenk sehr gefreut.
6 Wo ________ sie(Pl) gestern geblieben?
7 Er ________ Maler geworden.
8 Ich ________ mich an das Buch erinnert.

F Bilden Sie Sätze im Perfekt!

1 trinken einen Kaffee → Er hat einen Kaffee getrunken.
2 spielen Klavier →
3 gehen ins Kino →
4 essen zwei Eier →
5 kaufen ein Kilo Äpfel →
6 fahren nach Italien →
7 lernen Deutsch →
8 treffen Freunde →

G Was ist richtig? Kreuzen Sie an!

Am Samstag fuhr Silke mit dem Zug nach München. Es gab dort viele Sehenswürdigkeiten. Sie besichtigte zwei Kirchen, einen großen Schlosspark und zwei Museen. Und in einem Restaurant ass sie ein Schnitzel mit Salat und trank ein Glas Wein. Gegen 8 Uhr abends kam sie nach Hause zurück. Sie war müde, aber mit der kurzen Reise sehr zufrieden.

	richtig oder	**falsch**
1 Silke fuhr mit dem Bus nach München.	☐	☐
2 Sie ist ins Konzert gegangen.	☐	☐
3 Der Schloßpark ist klein.	☐	☐
4 Sie besichtigte drei Museen.	☐	☐
5 Sie hat ein Bier getrunken.	☐	☐
6 Sie war in München unzufrieden.	☐	☐
7 Sie kam am Sonntag zurück.	☐	☐
8 Sie hat in München geschlafen.	☐	☐
9 Silke hat um 7 Uhr ferngesehen.	☐	☐

A Welches Wort passt? Ergänzen Sie!

Bonn, ______ 9. August 2009 Sehr ________ Herr Schmidt, ________ Ihren letzten Brief habe ich ________ sehr gefreut! Es ________ mir leid, dass ich nicht gleich darauf ________ habe. Ich hatte einfach wenig Zeit. Jetzt ist alles wieder ________ Ordnung. Ich bin ________ nächsten Freitag wieder in Deutschland ________. Ich freue mich schon. ________ herzlichen Grüßen	am über tut zurück geantwortet mit geehrter in mich den

B Welches Wort passt? Ergänzen Sie!

Einladung ________ meinem Geburtstag Hallo, ich möchte ________ 7. Mai meinen 20. Geburtstag ________. Habt ihr Lust, ________ meiner Geburtstagsfeier zu kommen? Wir ________ bestimmt viel Spaß! Kommt einfach ________ mir ________ Hause. Ihr seid alle herzlich ________. Lasst uns richtig feiern!	willkommen haben feiern bei zu × 3 am

C Schreiben Sie eine Einladungskarte!

Wo?	bei Ihren Eltern
Wen?	Ihre Freunde
Wann?	Sonntag um 20 Uhr
Warum?	Prüfung bestanden

D Welches Wort passt? Ergänzen Sie!

Mein Leben	
Ich möchte ______ vorstellen.	meiner
Mein Familiename ist Mayer und mein ______ ist Hans.	mich
Ich bin ______ 21. November 1990 in Köln ______.	Vorname
Meine Familie besteht ______ 3 Personen:	machte
meinem Vater, ______ Mutter und mir.	besuchte
Von 1996 ______ 2009 ______ ich die Schule in Köln.	geboren
2009 ______ ich das Abitur.	will
Seit 2009 ______ ich Musik ______ der Universität Berlin.	studiere
Jetzt bin ich ______ 2. Studienjahr und 2013 ______ ich mein Examen machen.	aus
Ich will ______ dem Studium Lehrer werden.	am
	an
	bis
	nach
	im

E Bitte lesen Sie zuerst den Lebenslauf von Herrn Max Beckmann(Siehe Seite 103) und kreuzen Sie an! Richtig oder falsch?

		richtig	oder	falsch
1	Max Beckmann besuchte die Schule in Bonn.	☐		☐
2	Er hat Frau.	☐		☐
3	Sein Familienname ist Max.	☐		☐
4	Seine Heimat ist Dresden.	☐		☐
5	Er hat kein Abitur.	☐		☐
6	Er hat schon drei Jahre studiert.	☐		☐
7	Er arbeitet bei einer Firma.	☐		☐
8	Er mag nicht Musik.	☐		☐
9	Er will Arzt werden.	☐		☐
10	Er ist 21 Jahre alt.	☐		☐
11	Er kann kein Deutsch sprechen.	☐		☐
12	Er hat an der Universität München studiert.	☐		☐

A 동사

1 sein haben werden 동사의 현재인칭변화

인칭대명사 \ 부정형	sein	haben	werden
ich	bin	habe	werde
du	bist	hast	wirst
er sie es	ist	hat	wird
wir	sind	haben	werden
ihr	seid	habt	werdet
sie/Sie	sind	haben	werden

2 동사의 현재인칭변화 : 동사의 부정형은 어간과 어미(-en)로 이루어진다.

1) 규칙변화

인칭대명사 \ 부정형		kommen	machen	heißen	arbeiten
ich	-e	komm**e**	mach**e**	heiß**e**	arbeit**e**
du	-st	komm**st**	mach**st**	heiß**t**	arbeit**est**
er sie es	-t	komm**t**	mach**t**	heiß**t**	arbeit**et**
wir	-en	komm**en**	mach**en**	heiß**en**	arbeit**en**
ihr	-t	komm**t**	mach**t**	heiß**t**	arbeit**et**
sie/Sie	-en	komm**en**	mach**en**	heiß**en**	arbeit**en**

→ 동사의 어간이 -s, -ß, -z로 끝나면 2인칭 단수에서는 -t만 붙인다. heißen reisen sitzen

→ 동사의 어간이 -d -t, -chn, -gn으로 끝나면 2, 3인칭 단수와 2인칭 복수에서 e를 붙이고 어미 변화한다. arbeiten antworten rechnen regnen

2) 불규칙변화 : 동사의 2·3인칭 단수 어간 모음만 변화한다.

인칭대명사 \ 부정형	fahren	sprechen	sehen	wissen
ich	fahre	spreche	sehe	weiß
du	fährst	sprichst	siehst	weißt
er sie es	fährt	spricht	sieht	weiß
wir	fahren	sprechen	sehen	wissen
ihr	fahrt	sprecht	seht	wisst
sie/Sie	fahren	sprechen	sehen	wissen
	gefallen schlafen anfangen	helfen treffen geben nehmen	lesen	

3 동사의 과거인칭변화 : 단수 1, 3인칭은 과거기본형 그대로, 그 외에는 과거기본형 + 현재형어미

1) 규칙동사 : 과거 기본형은 동사 어간 + **te**

부정형 / 인칭대명사	machen	sagen	reisen	arbeiten
ich	mach**te**	sag**te**	reis**te**	arbeite**te**
du	mach**test**	sag**test**	reis**test**	arbeite**test**
er sie es	mach**te**	sag**te**	reis**te**	arbeite**te**
wir	mach**ten**	sag**ten**	reis**ten**	arbeite**ten**
ihr	mach**tet**	sag**tet**	reis**tet**	arbeite**tet**
sie/Sie	mach**ten**	sag**ten**	reis**ten**	arbeite**ten**

2) 불규칙동사 : 동사 어간모음이 변화한다.

부정형 / 인칭대명사	war (sein)	hatte (haben)	wurde (werden)
ich	war	hatte	wurde
du	warst	hattest	wurdest
er sie es	war	hatte	wurde
wir	waren	hatten	wurden
ihr	wart	hattet	wurdet
sie/Sie	waren	hatten	wurden

4 현재완료 : sein과 haben의 현재형 + 과거분사

1) 규칙동사 : 과거분사는 **ge** + 동사 어간 + **t**

2) 불규칙동사 : 과거 분사는 **ge** + 변형어간 + **en**

haben + 과거분사(타동사)		sein +과거분사(자동사)	
현재형	과거분사	현재형	과거분사
machen	gemacht	sein	gewesen
einkaufen	eingekauft	werden	geworden
besuchen	besucht	kommen	gekommen
studieren	studiert	fahren	gefahren
essen	gegessen	bleiben	geblieben
trinken	getrunken	gehen	gegangen
sehen	gesehen	fliegen	geflogen
treffen	getroffen	ziehen	gezogen
backen	gebacken	begegnen	begegnet

5 동사의 미래 : werden + 동사 원형

☞ A 동사 1 werden 동사 현재인칭변화 참고

B 관사와 명사

1 정관사 + 명사의 격변화

	m	f	n	Pl.
N.	der Mann	die Frau	das Kind	die Kinder
G.	des Mann**es**	der Frau	des Kind**es**	der Kinder
D.	dem Mann	der Frau	dem Kind	den Kinder**n**
A.	den Mann	die Frau	das Kind	die Kinder

2 부정관사 + 명사의 격변화

	m	f	n
N.	ein Mann	eine Frau	ein Kind
G.	eines Mann**es**	einer Frau	eines Kind**es**
D.	einem Mann	einer Frau	einem Kind
A.	einen Mann	eine Frau	ein Kind

3 소유대명사 + 명사 : 소유대명사는 부정관사 어미변화를 한다.

	m	f	n	Pl.
ich	mein Sohn	meine Tochter	mein Kind	meine Eltern
du	dein Sohn	deine Tochter	dein Kind	deine Eltern
er	sein Sohn	seine Tochter	sein Kind	seine Eltern
sie	ihr Sohn	ihre Tochter	ihr Kind	ihre Eltern
es	sein Sohn	seine Tochter	sein Kind	seine Eltern
wir	unser Sohn	unsere Tochter	unser Kind	unsere Eltern
ihr	euer Sohn	eure Tochter	euer Kind	eure Eltern
sie/Sie	ihr/Ihr Sohn	ihre/Ihre Tochter	ihr/Ihr Kind	ihre/Ihre Eltern

4 인칭대명사

N.	ich	du	er	sie	es	wir	ihr	sie/Sie
G.	mein-	dein-	sein-	ihr-	sein-	unser-	eu(e)r-	ihr-/Ihr-
D.	mir	dir	ihm	ihr	ihm	uns	euch	ihnen/Ihnen
A.	mich	dich	ihn	sie	es	uns	euch	sie/Sie

5 재귀대명사

N.	ich	du	er sie es	wir	ihr	sie/Sie
D.	mir	dir	sich	uns	euch	sich
A.	mich	dich	sich	uns	euch	sich

6 명사의 불규칙 변화

	Sg.	Pl.	Sg.	Pl.	Sg.	Pl.
N.	der Name	die Name**n**	das Herz	die Herz**en**	der Herr	die Herr**en**
G.	des Name**ns**	der Name**n**	des Herz**ens**	der Herz**en**	des Herr**n**	der Herr**en**
D.	dem Name**n**	den Name**n**	dem Herz	den Herz**en**	dem Herr**n**	den Herr**en**
A.	den Name**n**	die Name**n**	das Herz	die Herz**en**	den Herr**n**	die Herr**en**

7 명사의 복수

	Sg.	Pl.
모음 + 어미변화	der Apfel	die Äpfel
-e	der Tisch der Freund	die Tische die Freunde
a, o, u → ä, ö, ü + -e	der Schrank der Stuhl	die Schränke die Stühle
-(e)n	die Lampe das Bett	die Lampen die Betten
-er	das Kind das Ei	die Kinder die Eier
a, o, u → ä, ö, ü + -er	das Bad das Wort das Buch	die Bäder die Wörter die Bücher
단수 복수형태동일	das Zimmer der Fernseher der Lehrer der Schüler	die Zimmer die Fernseher die Lehrer die Schüler
외래어 + s	das Sofa das Taxi das Hotel das Radio	die Sofas die Taxis die Hotels die Radios

C 화법조동사의 현재인칭변화

	können ~할 수 있다	müssen ~해야 한다	dürfen ~해도 좋다	wollen ~하기를 원한다	sollen 마땅히 ~ 해야 한다	mögen ~일텐데, ~를 좋아하다
ich	kann	muss	darf	will	soll	mag
du	kann**st**	mus**st**	darf**st**	will**st**	soll**st**	mag**st**
er sie es	kann	muss	darf	will	soll	mag
wir	können	müssen	dürfen	wollen	sollen	mögen
ihr	könnt	müsst	dürft	wollt	sollt	mögt
sie/Sie	können	müssen	dürfen	wollen	sollen	mögen

D 형용사

1 정관사 + 형용사 + 명사

	m	f	n	Pl.
N.	der liebe Vater	die liebe Mutter	das liebe Kind	die lieben Eltern
G.	des lieben Vaters	der lieben Mutter	des lieben Kindes	der lieben Eltern
D.	dem lieben Vater	der lieben Mutter	dem lieben Kind	den lieben Eltern
A.	den lieben Vater	die liebe Mutter	das liebe Kind	die lieben Eltern

2 부정관사 + 형용사 + 명사

	m	f	n
N.	ein starker Mann	eine schöne Frau	ein kleines Kind
G.	eines starken Mannes	einer schönen Frau	eines kleinen Kindes
D.	einem starken Mann	einer schönen Frau	einem kleinen Kind
A.	einen starken Mann	eine schöne Frau	ein kleines Kind

3 형용사 + 명사

	m	f	n	Pl.
N.	guter Mann	gute Frau	gutes Kind	liebe Eltern
G.	guten Mannes	guter Frau	guten Kindes	lieber Eltern
D.	gutem Mann	guter Frau	gutem Kind	lieben Eltern
A.	guten Mann	gute Frau	gutes Kind	liebe Eltern

4 형용사의 명사화

	m		f		n		Pl.	
N.	der	Gute	die	Gute	das	Gute	die	Guten
G.	des	Guten	der	Guten	des	Guten	die	Guten
D.	dem	Guten	der	Guten	dem	Guten	die	Guten
A.	den	Guten	die	Gute	das	Gute	die	Guten

5 형용사의 비교급 최상급

	비교급	최상급
billig	billig-er	billig-st
teuer	teu(e)r-er	teuer-st
schön	schön-er	schön-st
groß	größ-er	größ-t
alt	ält-er	ält-est
warm	wärm-er	wärm-st
gut	besser	best
viel	mehr	meist

E 재귀동사

sich freuen	Ich freue mich über deinen Erfolg.
sich interessieren	Er interessiert sich für Fußball.
sich beschäftigen	Wir beschäftigen uns mit Computer.
sich anziehen	Du musst dir eine Jacke anziehen.
sich waschen	Er wäscht sich die Hand.
sich erinnern	Ich erinnere mich an dich.

F 전치사

1 3격 지배 전치사

aus	Ich bin aus Korea. Sie geht aus Haus. Das Kind trinkt aus dem Glas.
bei	Ich wohne bei meinen Eltern. Sie arbeitet bei Samsung. Beim Essen spricht man nicht.
mit	Sie fährt mit dem Auto. Er spielt mit seinem Freund. Ich schreibe mit dem Kugelschreiber.
nach	Ich fahre nach Berlin. Nach dem Unterricht geht sie schwimmen. Nach meiner Meinung hat er recht.
von	Er arbeitet von morgens bis abends. Die Schüler kommen von der Schule.
zu	Meine Mutter ist zu Hause. Ich gehe zum Flughafen. Ich lade dich zum Abendessen ein.

2 4격 지배 전치사

bis	Der Zug fährt nicht bis Berlin. Wir arbeiten bis Sonntag.
durch	Der Bus fährt durch den Tunnel. Die Kinder lernen durch Spiel. Die Studentin macht eine Reise durch Österreich.
entlang	Sie fährt die Straße entlang. Die Bäume stehen den Fluss entlang.
für	Die Mutter arbeitet für die Familie. Sie ist zu jung für die Arbeit. Er kauft den Computer für 900 Euro.
gegen	Gegen 9 Uhr kommt der Vater. Das Auto fährt gegen die Mauer. Das koreanische Team spielt gegen Deutschland.
ohne	Ich trinke Kaffee ohne Zucker. Das Kind spielt ohne seine Mutter.
um	Wir sitzen um den Tisch. Der Zug kommt um 12 Uhr.

3 **3·4격 지배 전치사 :** 정지 상태를 나타낼 때는 3격을 쓰고
장소의 이동을 나타낼 때에는 4격을 쓴다.

auf	Das Buch ist auf dem Tisch. Er legt das Buch auf den Tisch.
hinter	Der Baum liegt hinter dem Haus. Sie geht hinter das Haus.
in	Das Kind spielt im Zimmer. Das Kind geht ins Zimmer.
unter	Er steht unter dem Baum. Das Fahrrad fährt unter den Baum.
neben	Das Auto ist neben der Bank. Sie geht neben die Bank.
über	Eine Lampe hängt über dem Tisch. Er hängt die Lampe über den Tisch.

G 접속사

und	Meine Mutter und ihre Freundin trinken gern Kaffee.
aber	Ich bin krank, aber ich muss arbeiten.
oder	Magst du Katze oder Hund?
denn	Er geht nicht zur Schule, denn er ist krank.
nicht~, sondern~	Ich fahre nicht, sondern ich fliege.
nicht nur~, sondern auch~	Er spielt nicht nur Violine, sondern auch Cello.
deshalb	Er ist krank, deshalb bleibt er zu Hause.
weil	Sie geht nicht spazieren, weil es regnet.
wenn	Wenn du Lust hast, dann kommst du mit.
als	Als ich 15 Jahre alt war, war ich sehr krank.
dass	Es ist schade, dass du mich nicht besuchen kannst.
ob	Ich weiß nicht, ob er pünktlich kommt.

H 접속법

독일어 화법은 있는 사실을 객관적으로 서술하는 **직설법(Indikativ)**, 상대방에게 청유, 명령하는 **명령법 (Imperativ)**, 그리고 화자의 입장이나 태도를 드러내는 **접속법(Konjunktiv)**으로 구분된다.
화자는 접속법을 통해 희망, 요청, 조건, 추측, 후회 등을 표현한다.

1 접속법 I식 : 현재부정형 어간 + 접속법 동사 어미

	접속법 동사어미	sein	haben	werden	sagen	mögen
ich	-e	sei	habe	werde	sage	möchte
du	-est	seiest	habest	werdest	sagest	möchtest
er sie es	-e	sei	habe	werde	sage	möchte
wir	-en	seien	haben	werden	sagen	möchten
ihr	-et	seiet	habet	werdet	saget	möchtet
sie/Sie	-en	seien	haben	werden	sagen	möchten

1) 간접화법 Karl sagt mir, er sei krank.
2) 의심, 추측 Er will schlafen, er habe Kopfschmerzen.
3) 처방, 지시 Man nehme täglich zwei Tabletten.
4) 기원 Gott segne dich!

2 **접속법 II식** : 동사의 과거기본형 어간 + 접속법 동사 어미(불규칙동사 어간 a,o,u → ä,ö,ü)

	접속법 동사어미	sein	haben	werden	sagen	kommen
ich	-e	wäre	hätte	würde	sagte	käme
du	-est	wärest	hättest	würdest	sagtest	kämest
er sie es	-e	wäre	hätte	würde	sagte	käme
wir	-en	wären	hätten	würden	sagten	kämen
ihr	-et	wäret	hättet	würdet	sagtet	kämet
sie/Sie	-en	wären	hätten	würden	sagten	kämen

C

Viel Spaß mit Deutsch!

Hörtexte

1 Hörverstehen und Sprechübungen 듣고 따라서 말하기연습

Hören Sie und sprechen Sie nach.

In den Hörtexten auf CD finden Sie:

1) Hören Sie die Aussprachen der Buchstaben.
2) Jede Lektion beginnt mit den nützlichen Wörtern.
3) Hören Sie die Texte von Lektion 1 bis Lektion 11:

Lernschritt	A	Grundstruktur
	B·C·D	Variationen

4) Lektion 12 : Anregungen zum Diktieren

2 Übungen zum Wortschatz. 듣고 올바른 단어를 넣는 쓰기연습

Hören Sie zuerst und dann schreiben Sie richtig.

* Hören Sie die Gespräche und üben Sie!
* Hören Sie und ergänzen Sie!

Lektion 01 Guten Tag!

heißen kommen wohnen studieren machen freuen buchstabieren Guten Tag
Guten Morgen Guten Abend Gute Nacht Auf Wiedersehen Auf Wiederhören tschüs

A ◇ Guten Tag! Ich heiße Sabine Bauer. Wie heißen Sie?
◆ Guten Tag! Ich __________ Harry Potter.

◇ ________ kommen Sie, Herr Potter?
◆ Ich __________ aus England. Kommen Sie ____ Deutschland, Frau Bauer?
◇ Ja, ich komme ________ Deutschland.

◇ _____ wohnen Sie?
◆ Ich ________ in London.
◇ Und Sie?
◆ ___ Berlin.

◇ Was sprechen Sie, Herr Potter?
◆ Ich ___________ Deutsch und Englisch.
◇ Sie sprechen aber _____ Deutsch.
◆ Nein, _____ ein bisschen. Was machen Sie, Frau Bauer?
◇ Ich ___________.

◇ ________ _____, Frau Bauer. Wie geht es _________?
◆ Danke, es geht _____ gut. Und Ihnen?
◇ ________ gut.

B ◇ Hallo. Mein Name ist Jochen. Und wer ________ du?
◆ Ich _______ Julia.

◇ Woher ________ du, Julia?
◆ ________ der Schweiz, _______ Zürich.

◇ Wo ________ du, Jochen?
◆ _____ Wien, _____ der Königstraße.

◇ Hallo, Julia! Wie ________ _____ dir?
◆ Danke, gut. Und dir?
◇ ________!

◇ Was machst du hier?
◆ Ich ________.
◇ Ah ja. Was __________ du?
◆ Musik.

C ◇ Hallo, ich bin Inga.
◆ Hallo. Freut _____. Ich heiße Paul.
◇ Wie _______?
◆ Paul. Ich _____________ P-A-U-L
◇ Wie ist _______ Familienname?
◆ Mein ______________ ist Kim.
◇ _______ ist Ihr Vorname?
◆ Mein _________ ist In-Ho.

D ◇ ____ _____ die Hauptstadt ___ Deutschland? ◆ Berlin.
◇ Wo liegt Berlin? ◆ ______ Brandenburg.
◇ Wo _________ München? ◆ ______ Bayern.
◆ München ______ in Süddeutschland.

◇ Welche ________________ haben Sie? ◆ Koreanisch.
◇ _______ Sie in __________? ◆ Nein, ich wohne in _________.
◇ Wohnen Sie in _________? ◆ Nein, ich wohne in _________.

Lektion 02 Meine Familie ist lieb.

Zahlen **0 1 ☐ 3 4 ☐ ☐ 7 8 ☐ 10**
☐ ☐ 13 14 15 ☐ ☐ 18 19 ☐
☐ 22 23 ☐ 40 50 ☐ ☐ 80 90 ☐

A Meine Familie I

◇ Sag mal, wer bin ich?

Ich bin Anna.
Ich bin _______ Jahre alt.
Ich bin in Köln ________.
Ich bin ________.
Ich lerne _________.
Ich wohne _______ in Frankfurt.
Ich bin _______.

◇ Wer ist das?

◆ Das ________ meine ________.

Das ________ mein ________. Er ist ______ Jahre alt. Er ist ______.

Das ist meine ________. Sie ist ______ Jahre alt. Sie ist ______.

◇ Haben Sie ____________?

◆ Ja, ich habe einen ________ und eine __________.

◇ Wo wohnen sie?

◆ Sie ________ alle zusammen ____ Köln.

◆ Das ist ______ Bruder. Er ist ____ Jahre alt. Er ist ________. Er ist ________.

◆ Das ist ______ Schwester. Sie ist ____ Jahre alt. Sie ist ________. Sie ist ________.

◆ Das sind meine ________.

Das ist _____ Hund Tongtong. _____ ist lieb.

Das ist _____ Katze Silby. ______ ist faul.

B Meine Familie II

◇ Das ist mein ________ Herbert. ______ ist Arzt.

Das ist meine ________ Tina. ______ ist Ärztin.

◇ Das ________ meine ________.

Er ist mein ________ Johannes und sie ist meine ________ Vera.

◇ Das ______ meine ________. Sie ________ viele ________.

Das sind mein ________ und meine ________. Sie ________ nett.

◇ Das ist meine ________ Karin. Sie ist __________. Sie ist ________.

Das ist mein ________ Olaf. Er ist __________. Er ist ____________.

C ◇ Wie _____ ist das Baby?

◆ Es ist _____ Jahr alt. Seine Schwester ist ________ Jahre alt.

◇ Wer ist das?

◆ Ich ________ es nicht.

D

______ ist das?	Das ist ________ Onkel.
______ macht er?	Er ist ________.
______ und ______ ist er geboren?	Er ______ 1979 in Berlin ________.
Wo ________ er?	Er wohnt/lebt in Stuttgart.
Was spricht er?	Er ________ gut Deutsch und __________ Koreanisch.
Ist er verheiratet?	Ja, er ist schon __________.
Hat er Kinder?	Nein, er hat ________ Kinder.

______ ist ______ Adresse? 70174 Stuttgart, Friedrichstraße 7.
Wie ist ______ Telefonnummer? (0)701-391791

Lektion 03 Ich esse gern Obst.

essen trinken schmecken möchten hätten wünschen nehmen bekommen bezahlen gehen

A ◇ Was essen Sie gern? ◆ Ich _______ gern Obst.

◇ Möchten Sie etwas _______?
◆ Ja, _______ Apfelkuchen, bitte.
◇ Was _________ Sie ______?
◆ _____ einen Kaffee.

◇ Haben Sie Hunger? ◆ Ja, ich habe ________.
◇ Haben Sie ______ Hunger? ◆ Nein. ich habe _______ Hunger.
◇ Haben Sie keinen _______? ◆ ________, ich habe Durst.

◇ __________ das Schnitzel? ◆ _______, es ist _________.

Gespräche im Restaurant I

◇ Guten Tag! Was _________ Sie?
◆ Guten Tag! Ich _________ Spaghetti _____ Tomatensoße.
◇ Und was __________ Sie _______?
◆ Ein Mineralwasser.
◇ Vielen Dank!

◇ Noch ______ Tee?
◆ Danke, keinen ______.

B ◇ Was __________ du essen?
◆ Ich weiß _______ nicht. Und du?
◇ Ich ________ ein Hähnchen _____ Salat.
◆ Hm, ich habe _______ Hunger.
_____________ nehme ich ________ Suppe.
◇ _____ schmeckt ____ das Hähnchen?
◆ Das ________ sehr gut. Und ______?
◇ _______.

◇ Schmeckt die Suppe nicht? ◆ Nein, sie ist zu ______.

◇ Entschuldigung, ist hier noch ______?
◆ Aber ________. ____________ Sie doch Platz!

◇ Was ist ______ Lieblingsessen? ◆ Mein ____________ ist Obstsalat.
◇ _____ ist dein Lieblingsgetränk? ◆ Mein ____________ ist Saft.

C Im Café

◇ Bitte, was __________ Sie?
◆ Ich __________ gern einen Apfelkuchen.
◇ Es _______ mir ______. Heute haben wir _______ Apfelkuchen _______.
◆ Dann ________ ich ein _______ Käsekuchen. _______ das?
◇ Ja, ______________! Was ____________ Sie trinken?
◆ Eine __________ Tee, bitte.
◇ _______ ______.

D Im Restaurant II

◇ Wir ___________ bitte ________.
◆ Zusammen oder ___________?
◇ Getrennt bitte. Ich ________ die Spaghetti mit Tomatensoße und das Mineralwasser.
◆ Das ________ 14 Euro 10.
◇ 15 Euro. ________ so.
◆ Danke schön! Was __________ Sie?
◇ Das Schnitzel ______ Salat und das Bier.
◆ Das ________ 15 Euro 90.
◇ 17 Euro, bitte.
◆ Vielen Dank!

Lektion 04 Was kostet das?

Zahlen 101 ☐ 110 ☐ 121 ☐ ☐ ☐
1001 ☐ ☐ 10 000 ☐ 2 000 000

Farben : rot ☐ orange ☐ braun ☐ schwarz ☐

A ◇ Was kostet das? ◆ Das __________ 2 Euro.

Auf dem Markt I

◇ Bitte schön!
◆ Ich ________ Bananen. Haben Sie Bananen?
◇ Ja, natürlich. __________ möchten Sie?
◆ Ein Kilo, bitte!

Auf dem Markt II

◇ Was kostet ein Kilo Äpfel?
◆ Ein Kilo Äpfel ________ 3 Euro 10.
◇ Dann bitte _______ Kilo.
◆ ______ noch _______?
◇ Nein, danke. Das ist _______.

B ◇ Wie heißt das ______ Deutsch? Brot?
◆ Das ist doch ______ Brot.
◇ Das ist ein ________.
◆ Ja, _______.

◇ Was ist ____ Korb?
◆ ______ Orange, ______ Apfel, ______ Birne und ______ Banane.
◇ Nein, im _____ ist _______ Banane.

◇ Fritz, ich ________ jetzt Spaghetti. Ich _________ Salz,
◆ Kein _________. Ich gehe sowieso __________.

C Im Supermarkt I

◇ Bitte schön?
◆ Was __________ 100 g Käse?
◇ 100 g Käse _________ ein Euro.
◆ Dann bitte 200 g. Ich brauche ______ 200 g Wurst.
◇ 100 g Wurst ________ 99 Cent. Das ______ 3 Euro 98.
◆ Entschuldigung, ich habe nur _______ Zwanzig-Euro-Schein.
◇ Das macht _______. Hier sind 16 Euro und 2 Cent ________.

Im Supermarkt II

◇ Sie __________?
◆ Ein Pfund Rindfleisch, bitte.
◇ Wir haben ein ___________. Ein Kilo __________ kostet nur 9 Euro 80.
_______ noch _______?

◆ Danke, ________ mehr, das ist ________. ____________ macht das?
◇ 4 Euro 90, bitte.

D Im Kaufhaus

◇ Guten Tag! ______ ich Ihnen ______?
◆ Ja, bitte. Ich suche eine ________.
◇ Die Jacken ________ hier im 3. ______. __________ Größe haben Sie?
◆ Größe 36.
◇ __________ Farbe, bitte?
◆ Weiß.
◇ Wie _________ Sie diese?
◆ Ich finde sie sehr _________. ______ ich sie mal ______________?
◇ Ja, natürlich.
◆ Wo sind die ______________?
◇ Da _______.

....

◆ ________ Ihnen die Jacke?
◇ Ja, die ________ ______ gut. _____ viel ______ sie?
◆ 99 Euro.
◇ Das ist __________. Ich __________ sie.
◆ Danke schön!

◇ _____ finden Sie Jochen? _____ meinen Sie?
◆ Ich finde _____ nett.
◇ Das ________ ich _____.

Lektion 05 Ich suche eine Wohnung!

suchen kaufen gefallen kosten wollen müssen brauchen funktionieren
reparieren aussehen anschauen umziehen

A ◇ Haben Sie _____ eine Wohnung?
◆ Nein, ich habe ________. Ich ________ eine.

◇ Wann ________ Sie umziehen?
◆ _____ einer Woche. Ich ______ morgen Möbel ______.

◇ Wo _______ Sie?
◆ Ich wohne ____ Haus 9.

◇ _____ gefällt _____ Ihre Wohnung?
◆ Sie _____ _____ sehr gut.

◇ Wohnen Sie noch _____ Ihren Eltern?
◆ Nein, _____ einem Monat wohne ich im _________.
◇ Wie _____ ist das Zimmer?
◆ Das ist ca. 30 m^2 _____.

◇ Was kostet Ihr Zimmer?
◆ 300 Euro im _____.
◇ Was? Das ist aber nicht _______.
◆ _______, das ist _______.

◇ Ist Ihr Zimmer _________?
◆ Ja, _____ _____ ein _______ und einen _______.
Ich _______ noch einen _______ und einen _______.

B ◇ Wie _______ Ihr Traumhaus ____?
◆ Ein Haus _____ Garten ist _______ Traum.
◇ Wie viel _______ Sie _________?
◆ Bis ________ Euro im Monat.

◇ Wie _______ Sie _____ Stuhl?
◆ Ich finde ihn _______.

◇ Wie _______ Ihnen der Tisch?
◆ Ganz gut.
◇ Und _____ _______ Sie?
◆ Mmh ..., er ist _______.
◇ ________ Ihnen die _______ hier?
◆ Ja, sie sind sehr _________.

C ◇ Jürgen, was ist _____ los?
◆ Mein Computer __________ nicht.
◇ Ist dein Computer _______?
◆ Ja, er ist kaputt. Ich ________ ihn ________.

◇ Ist dein Bett ________ als mein Bett?
◆ Ja, mein Bett ist aber _________ als dein Bett.

◇ Deine Lampe ist _________ _____ meine Lampe.
◆ Oh, danke! Aber sie ist _________ sehr teuer.

D **Immobilien Müller hat ein Angebot.**

◇ Ich ________ eine 2-Zimmer-Wohnung. Haben Sie ein _________?
◆ Ja. Wie finden Sie die __________ hier?
◇ Sie gefällt ______ sehr gut. Aber sie ist ________ zu teuer.
◆ Das ________ ich auch.
◇ ________ ich sie _________?
◆ Ja, natürlich.

Lektion 06 Was machen Sie heute?

vorgestern gestern heute morgen übermorgen Montag Dienstag Mittwoch Donnerstag Freitag Samstag Sonntag fernsehen aufstehen einkaufen anrufen aufräumen anfangen einladen schwimmen

A ◇ Wie ________ ist es?
◆ Es ist ein Uhr fünf.
Es ist fünf _______ eins.

◇ Wann ________ Sie ____?
◆ Ich stehe ______ sieben Uhr auf.
◇ Wann frühstücken Sie?
◆ Um 7:30 ___________ ich.

◇ Wann gehen Sie zum Deutschkurs?
◆ ______ 8 Uhr 45.
◇ Wie lange __________ der Kurs?
◆ 3 ________ am Vormittag.

◇ Was machen Sie am ___________?
◆ Nach dem Unterricht _______ ich ___________.

◇ Wann _______ Sie _____ Abend?
◆ _____ 6 Uhr.
◇ Gehen Sie _______ ins Bett?
◆ Nein, ______ um 12 Uhr.

B ◇ Klaus, was _________ du morgen?
◆ _______, Mama?
◇ Deine Tante ________ uns zum Kaffee _________.
◆ Ja, gerne.

☏ ◇ Tanja, kommst du heute _______ _____ Hause?
◆ Ach, Mama, ich _______ nicht. Ich bin ______.
◇ Was ______ denn der Arzt?
◆ Ich _____ nicht so viel arbeiten.

C ◇ Kerstin, was _______ du heute _____?
◆ Ich habe mal wieder _______ auf einen Einkaufsbummel. ________ du mit?
◇ ________, ich habe schon eine ___________.

◇ Hast du am ________ Zeit?
◆ Ja. ______?
◇ Ich mache eine __________. Kommst du _______?
◆ Ja, natürlich. Wann ________ die Party ___?
◇ _____ acht Uhr.
◆ Ich _______ eine Flasche Wein ____. Bis dann.

D ◇ Peter, ich gehe jetzt in die ________. Kommst du mit?
◆ Ja, gerne. ________ wir danach in ein Café _______?
◇ Gut, aber nicht ___ lange.
◆ ____ Ordnung.

Lektion 07 Was ist Ihr Hobby?

fotografieren schwimmen Inline-Skate laufen Fahrrad fahren lesen schreiben
singen Fussball spielen in die Disko gehen tanzen kochen Klavier spielen
E-Mails schreiben reisen Musik hören Computer spielen faulenzen

A ◇ Was machen Sie in _____ Freizeit?
◆ Ich höre gern ______. Und Sie?
◇ ______ und ______.

◇ Was _______ Sie _____?
◆ Ich mache gern Computergames ____ Internet.
◇ Was _________ Sie nicht gern?
◆ Ich ______ nicht gern _____.
◇ _______ denn?
◆ ______ das Programm _________ ist.

◇ Was ist _____ Hobby?
◆ Ich fotografiere sehr _____. Und was ist Ihr _______?

◇ Musik Machen.
◆ ___________ Instrument _______ Sie?
◇ Ich ________ Klavier.
◆ ___________!

◇ _________ Sie gern?
◆ Ja, aber ich habe _____ nicht viel ________.
◇ _______?
◆ Weil ich viel _________.

B ◇ Was ________ du gern?
◆ Ich ________ gern Freunde.

◇ Was ________ deine Hobbys?
◆ Meine Hobbys sind ________, Schwimmen, im Internet ________.

◇ __________ du _____?
◆ Nein.
◇ ________ nicht?
◆ Weil ich ________ wandere.

C ◇ ________ Musik _________ Sie?
◆ Ich _______ gern deutsche ________. Und Sie?
◇ Ich höre gern ________. Das ________ mir.

D ◇ Inge, was ________ wir am _________?
◆ Hast du eine ______?
◇ Ich ________ _____, wir ________ an die See und _____ ein Sonnenbad.
Oder hast du keine ________ ?
◆ Offen _________, nicht so sehr.
◇ Was ________ du denn ________?
◆ Ich möchte einfach _________.
◇ Na gut, wenn du _________!

Lektion 08 Lektion 8 Schöne Ferien!

Januar Februar März April Mai Juni Juli August September Oktober
November Dezember Frühling Sommer Herbst Winter

A ◇ Was machen Sie in den _________, Frau Kim?

◆ Ich ________ _____ Europa.

◇ ________ Sie _______?
◆ Klar! ________ mache ich Campingurlaub ____ der Ostsee.
◇ Was? ______ in _____ Alpen, _______ an _____ See?

◇ Welche _______ in Deutschland ________ Sie, Frau Park?
◆ Berlin. Berlin ist die __________ von Deutschland.

◇ Was ________ man in Berlin _______ sehen?
◆ _____ Rathaus, _____ Brandenburger Tor, ____ Reichstag und viele ______ Sehenswürdigkeiten.

◇ Wo _____ man eine Stadtrundfahrt _________?
◆ ______ Bahnhof.

B ◇ Manfred, was machst du in den _______?
◆ Ich ________ meinen Freund. Er _________ in Wien.
◇ Wann _______ du ___?
◆ ______ 1. August.
◇ ______ Ferien!

◇ Tina, was machst du _____ Urlaub?
◆ Ich _______ eine Reise _______ Italien.
◇ Und wohin _______?
◆ _______ Rom.
◇ Mit dem _____ oder mit dem _______?
◆ Ich fahre nicht, ________ ich fliege.
◇ ______ Reise!

C ◇ Frau Schmidt, am ________ reise ich in _____ Schweiz, _______ Zürich.
___________ ich den Pass?
◆ Ja, ________ Sie ______ Pass sicherheitshalber ____.
Und _________ Sie den Stadtplan _____ Zürich nicht!

◇ In-Ho, _____ ich ein Visum ____________?
◆ Nein, du ________ doch kein Visum, wenn du ______ Europa _______.
Nimm einfach ______ Pass mit!

◇ Max, brauche ich ______ Regenschirm?
◆ Ja, _______ den Regenschirm ____! ___________ regnet es heute Nachmittag.

D ◇ Angelika, ich komme morgen. ________ du mich ___?
◆ Natürlich, Papa, _______ mich _____, wenn du in München ________.
◇ _______ ist das Wetter im _______?
◆ Gut. Die Sonne __________.

Lektion 09 Wie komme ich zum Bahnhof?

zu Fuß gehen   fahren   abbiegen   geradeaus   rechts   links   bei der Kreuzung
bis zur Ampel   bis zum Museum   an der Ecke   auf der rechten Seite   ein Stück weiter

A Ich brauche eine Auskunft.

◇ Entschuldigung. _____ komme ich _____ Kaufhaus?
◆ Nehmen Sie die _____ Straße rechts. Da sehen Sie _____ einer Bank das Kaufhaus.
◇ Danke schön.
◆ _______ schön.

◇ Entschuldigen Sie, ______ _______ ich zum Bahnhof?
◆ Ganz _______! _______ Sie diese Straße ________. _____ der Ecke ist ein Kino.
Dort dann ______ in die Kaiserstraße.
_____ _____ 50 Metern sehen Sie den Bahnhof.
◇ _______ Dank.
◆ Bitte.

B ◇ _____________. Wie komme ich _______ Post?
◆ Gehen Sie hier die __________ geradeaus _____ ____ Ampel. _____ dann
______ in die Bahnhofstraße bis ____ Bank. Da ist ____ Post.
◇ _______ Dank.
◆ Keine _________.

◇ ______ ist hier die Universität?
◆ Sind Sie hier ________?
◇ Ja, ich bin ________ aus Korea.
◆ Ach so. Gehen Sie ____ bis zum Theater. ___ Theater dann ____ in die Hauptstraße.
◇ Und dann?
◆ Gehen sie ein ______ weiter und _____ der Kreuzung ______ Sie nach links
________. Die Universität ist ____ der ______ Seite der Schillerstraße.

C ◇ _________, ich ______ ____ Marktplatz.
◆ Da ________ Sie mit dem Bus. ________ Sie die Busnummer 10.

◇ Muss ich __________?
◆ Nein, der Bus fährt _______ bis zum ___________.
◇ Wie lange ________ es?
◆ Ich __________, ______ 15 Minuten.
◇ ________ Dank.
◆ ________ zu ________.

D ◇ Entschuldigen Sie bitte! _______ ___ hier in der _________ eine Jugendherberge?
◆ Fahren Sie _______ geradeaus bis _____ Goetheplatz. Dort dann _______ in die Goethestraße, ___ Rathaus _______, bis zum Museum.
Noch ein Stück ________ und dann sehen Sie _____ die Jugendherberge.
◇ Danke schön!
◆ Bitte schön.

Lektion 10 Was wollen Sie nach dem Studium machen?

Ingenieur Beamter Arzt Krankenschwester Arzthelferin Erzieherin
Architekt Komponist Musiker Regisseur Schauspieler Sportler Koch
Journalist Sekretärin Anwalt Landwirt Reiseleiter Automechaniker

A ◇ Was _________ Sie, Herr Klage?
◆ Ich studiere ______________.
◇ Was _______ Sie _____ dem Studium ________?
◆ Ich will _____________ werden.
◇ _______ _________!

◇ Susanne, was ________ du nach dem ________?
◆ Ich ________ studieren. Und du?
◇ Ich _______ eine Ausbildung als _________ machen.
Ich _______ ja Geld ____________.

◇ Silke, _______ du Musik studieren?
◆ Ja, _______ will ich eine Opernsängerin ________.
◇ Du ________ bestimmt eine gute _________.
_______ ich Geld ________, ________ ich auch studieren.

B ◆ Frank, ________ interessierst du dich?
◇ Ich ____________ mich ____ Autos. Ich _____ Ingenieur ________.
◆ Wann bist du _____ dem Studium ______?
◇ ______ _________ Jahr.
◆ _______ Glück!

◇ Was? Warum willst du noch einen Beruf _____? Hast du keinen _______ am Studium?
◆ ______, mir _________ das Studium ____ Spaß.
◇ _________ du Zukunftsangst?
◆ ______, es gibt _____ Stellen für ___________.

C ◇ In _________ Branche ______ Sie arbeiten.
◆ Ich _________ noch nicht.
◇ Sie studieren _______ vier Jahren Informatik, _____ _____?
◆ Ja, es _____ schön, wenn ich ____ mit Computer _________ könnte.

◇ _____ sind Sie _____ Beruf?
◆ Ich bin Komponist.
◇ Das ist ein schöner _______. ___________ Sie _____ für Beethoven?
◆ Ja, er ist mein ________________.

D ◇ _____ sind Sie _____ _________, Herr Vogel?
◆ Ich bin Arzt.
◇ Sind Sie _________?
◆ Na, ____ ______. Ich ___________ viel Geld, aber ich habe keine __________.

◇ ______ Sie einen _______ Beruf, Herr Vogel?
◆ Ja, mein ___________ ist Kapitän.
Wenn ich Zeit _______, ______ ich dann ________ _____ segeln.

Lektion 11 Was haben Sie gestern gemacht?

Tennis Tischtennis Federball Fußball Basketball Vollyball
Klavier Gitarre Violine Cello Saxophon Flöte Schlagzeug

A ◇ Was haben Sie gestern __________?
◆ Ich bin ins Schwimmbad ___________.
◇ Wie war's?
◆ Toll! Es _____ sehr angenehm.
◇ _____ es heute Morgen __________? Ich habe lange _____________.
◆ Nein, es hat nicht geregnet. Vielleicht ______ es heute _____________.

◇ Wo haben Sie Deutsch __________?
◆ In der Schule habe ich Deutsch gelernt.
◇ Wie ________?
◆ Zwei Jahre.

◇ ______ Sie schon einmal nach Europa ________, Herr Lee?
◆ Nein, ______ nie.

B ◇ Min-Gi, hast du schon einmal ___ Ausland ________?
◆ Ja, ich _____ ein Jahr in Deutschland. Dort habe ich einen Sprachkurs ________.
◇ Hast du dein Deutsch ___________?
◆ Ja, das ________ ich.

◇ Tina, _____ _____ die Reise nach Berlin?
◆ Die Reise _____ ganz fantastisch. _______ du schon mal _____ Berlin?
◇ Ja, ____ _______ Sommer habe ich da Urlaub _________.

C ◇ Wo _______ Sie am Wochenende?
◆ Ich und Max ______ nach Kyong-Ju ___________.
◇ _____ war das Wetter?
◆ ____________.
◇ Was _______ Sie in der Altstadt __________?
◆ Wir _________ das Museum __________.

☎ ◇ Peter, hast du _____ gestern __________?
◆ Ja, Mama, ich ______ nicht nach Hause ________.
Alex hat ______ zu seiner Einweihungsparty _________.
◇ Na ja, kommst du dann _____ ________ Wochenende?
◆ Ja, natürlich.

◇ Annelie, bist du ______ nach Köln ___________?
◆ Nein, ich bin zu Hause _________, ____ ich zu müde _____.

◇ Lisa, ________ du gestern spazieren ___________?
◆ Nein, es _____ ________. Ich habe den _____ Tag ___________.
◇ Hast du was Interessantes _________?
◆ Na ja, nichts _____________.

D ◇ Sven, was ________ du am Samstag ________?
◆ Ich habe im Garten _________ und mein Auto __________.
Danach bin ich zum Essen ________.
◇ Wo denn? _______ das Essen gut?
◆ Im Restaurant *Elefant* habe ich eine Pizza ________.
Das Essen hat mir gut ___________.
◇ Franz, du ________ müde _____.
◆ Ja, du _______ recht. Gestern habe ich Fußball __________.
Danach bin ich in eine Kneipe _________ und habe Freunde _________.

◇ Ich ________, du hast viel ___________.

◆ Ja, stimmt. Morgens gegen 1 Uhr ______ ich ins Bett _______.

Lektion 12 Briefe und Lebenslauf schreiben

Weihnachtsfeier Jubiläumsfeier Hochzeitsparty Silvesterfeier Eröffnungsfeier Grillfest

*** Hören Sie und verstehen Sie 5 Situationen!**
Zu jeder Situation schreiben Sie zwei bis drei Sätze!
Es sind auch andere Aufgaben möglich, z. B. ein Diktat schreiben oder drei Fragen schreiben.

A Antje schreibt eine Ansichtskarte an Klaus.
B Karl schreibt einen Brief an Anna.
C Eine Einladungskarte von Klaus.
D Eine E-Mail von Helmut an Brigitte.
Eine E-Mail an die Touristeninformation in Berlin.

*** Hören Sie und ergänzen Sie!**

E Mein Leben

Ich ______ am ________________ in Leipzig ________.

Von _______ bis ________ habe ich die Schule in Berlin ________.

_______ ________ ich die Abschlussprüfung.

Von _______ bis _______ ________ ich an der Universität in Berlin.

_______ habe ich mein Studium mit BA ___________.

Seit ________ ________ ich bei der Firma Siemens.

Ich bin ________ und lebe allein.

Viel Spaß mit Deutsch!

Lieder

1. O Tannenbaum

Musik trad. (1820)
Text Ernst Anschütz (1824)

O Tannenbaum, o Tannenbaum,
du kannst mir sehr gefallen!
Wie oft hat nicht zur Weihnachtszeit
ein Baum von dir mich hoch erfreut!
O Tannenbaum, o Tannenbaum,
du kannst mir sehr gefallen!

O Tannenbaum, o Tannenbaum,
dein Kleid will mich was lehren:
Die Hoffnung und Beständigkeit
gibt Trost und Kraft zu jeder Zeit,
o Tannenbaum, o Tannenbaum,
dein Kleid will mich was lehren.

2. Am Brunnen vor dem Tore

Musik Franz Schubert (1827)
Text Wilhelm Müller (1822)

Ich mußt' auch heute wandern vorbei in tiefer Nacht,
da hab' ich noch im Dunkeln die Augen zugemacht.
Und seine Zweige rauschten, als riefen sie mir zu:
Komm her zu mir, Geselle, hier find'st du deine Ruh!

Die kalten Winde bliesen mir grad ins Angesicht,
der Hut flog mir vom Kopfe, ich wendete mich nicht.
Nun bin ich manche Stunde entfernt von jenem Ort,
und immer hör ich's rauschen: du fändest Ruhe dort!

Viel Spaß mit Deutsch!

Wortliste

독일 어학인증시험 Zertifikat Deutsch A1에 필요한 단어로 본문에서 사용된 뜻에 국한시켰다.

명 명사: 정관사 다음에 단수/복수가 같을 때는 (-)로, 흔히 단수로만 사용되면 (Sg), 복수로만 사용되면 (Pl)로 표시

대 대명사, 의문대명사

동 동사: 분리 동사는 (·)로 표시

형 형용사

부 부사, 의문부사

전 전치사

감 감탄사

접 접속사

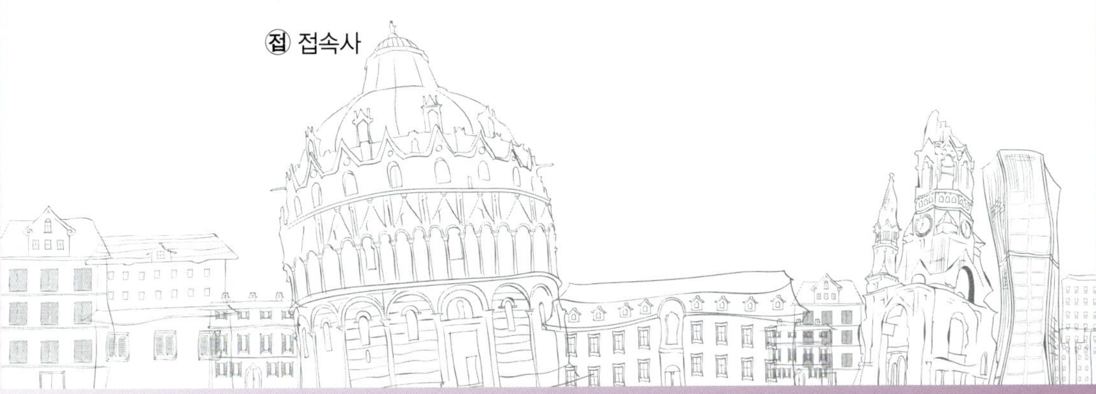

A

ab · biegen ⓓ 꺾다
der Abend, die Abende 명 저녁
das Abendessen 명 저녁식사
abends 부 저녁에
aber 접 그러나
aber sicher 형 확실하죠
abgemacht 형 결정된
ab · heben 동 출금하다
ab · holen 동 데려오다
das Abitur(Sg) 명 대학입학자격시험
die Abkürzung, die Abkürzungen 명 약어
ab · machen 동 약속하다
ab · rutschen 동 미끄러지다
ab · sagen 동 거절하다
ab · schließen 동 마치다
der Abschluss, die Abschlüsse 명 종결
der Absender, - 명 발신자
ach 감 오, 아
ach so 감 아하
die Adresse, die Adressen 명 주소
der Affe, die Affen 명 원숭이
Afrika 명 아프리카
ah ja 감 아 그래요
der Akademiker, - 명 대학졸업자
der Akzent, die Akzente 명 악센트
all 대 모든 부 전부
alle zusammen
allein 형 홀로
alles ↗ all
die Alpen (Pl) 명 알프스 산맥
das Alphabet, die Alphabete 명 알파벳
als 접 ~보다, ~할 때, ~로서
also 접 그러므로
alt 형 늙은, 오래된
die Altstadt, die Altstädte 명 고(古)시가지
die Ampel, die Ampeln 명 신호등
Amerika 명 미국
Amerikanisch 명 영어(미국)
amerikanisch 형 미국(사람)의
an 전 ~에
an · bieten 동 제공하다
an · fangen 동 시작하다
das Angebot, die Angebote 명 제안, 제품
angenehm 형 유쾌한, 편안한
an · kommen 동 도착하다
an · kreuzen 동 가위표를 하다
die Ankunft, die Ankünfte 명 도착
an · probieren 동 입어보다
der Anruf, die Anrufe 명 전화
an · rufen 동 전화하다
an · schauen 동 보다
die Anschrift, die Anschrfiten 명 주소
an · sehen 동 보다
die Ansichtskarte, die Ansichtskarten 명 그림엽서
antworten 동 대답하다
der Anwalt, die Anwälte 명 변호사
die Anzeige, die Anzeigen 명 광고
an · ziehen 동 옷을 입다
der Anzug, die Anzüge 명 양복
der Apfel, die Äpfel 명 사과
der Apfelkuchen, - 명 사과 케이크
der Apfelsaft, die Apfelsäfte 명 사과 쥬스
die Apotheke, die Apotheken 명 약국
der Apparat, die Apparate 명 기구
der Appetit (Sg) 명 식욕
der April (Sg) 명 4월
arbeiten 동 일하다
das Arbeitszimmer, - 명 작업실
der Architekt, die Architekten 명 건축가(남)
die Architektur, die Architekturen 명 건축학
ärgern 동 화내다
der Artikel, - 명 관사
der Arzt, die Ärzte 명 의사(남)
die Arzthelferin, die Arzthelferinnen 명 의사의 조수(여)
die Ärztin, die Ärztinnen 명 여의사
Asien 명 아시아
auch 부 또한, 역시

auf 전 ~ 위에
auf Deutsch/auf Wiedersehen/auf Wiederhören
auf · räumen 동 정돈하다
auf · stehen 동 기상하다
der Augenblick, die Augenblicke 명 순간
der August 명 8월
aus 전 ~로부터
die Ausbildung, die Ausbildungen 명 직업교육
der Ausflug, die Ausflüge 명 소풍
die Auskunft, die Auskünfte 명 정보
aus · füllen 동 ~을 채우다
das Ausland (Sg) 명 외국
das Auslandsstudium 명 유학
aus · sehen 동 ~로 보이다
außerhalb 전 외부에
aus · steigen 동 내리다
die Ausstellung, die Ausstellungen 명 전시회
das Auto, die Autos 명 자동차
die Autobahn, die Autobahnen 명 고속도로
der Automechaniker, - 명 자동차정비사
die Automobilbranche,
die Automobilbranchen 명 자동차업계

B

das Baby, die Babys 명 아기
backen 동 굽다
der Bäcker, - 명 빵집주인
die Bäckerei, die Bäckereien 명 제과점
das Bad, die Bäder 명 욕실
baden 동 목욕하다, 수영하다
der Badeanzug/der Badeurlaub/die Badehose/die Badewanne
der Bahnhof, die Bahnhöfe 명 기차역
bald 부 곧
der Balkon, die Balkons 명 발코니
die Banane, die Bananen 명 바나나
die Bank, die Banken/die Bänke 명 은행/의자
der Bär, die Bären 명 곰
der Baseball 명 야구
der Basketball 명 농구
basteln 동 조립하다
die Batterie, die Batterien 명 배터리
bauen 동 건립하다
der Baum, die Bäume 명 나무
Bayern 명 독일 바이에른 주
der Beamte, die Beamten 명 공무원
beantragen 동 신청하다
der Becher, - 명 잔
beenden 동 끝내다
begrüßen 동 인사하다, 환영하다
die Begrüßung, die Begrüßungen 명 인사
bei 전 ~ 곁에, ~할 때
das Beispiel ↗ zum Beispiel
bekommen 동 받다
benutzen 동 사용하다
bequem 형 편안한
der Berg, die Berge 명 산
der Berliner, - 명 베를린 특산품 도넛
der Beruf, die Berufe 명 직업
beschäftigen 동 종사하다
besichtigen 동 관람하다
besonders 부 특히
nichts Besonderes 명 특별하지 않은 어떤 것
die Besserung, die Besserungen 명 쾌유
bestehen 동 시험에 합격하다, ~로 구성되다
bestellen 동 주문하다
bestimmt 형 특정의 부 확실히
der Besuch, die Besuche 명 방문(객)
besuchen 동 방문하다
die Betriebswirtschaft,
die Betriebswirtschaften 명 경영학
das Bett, die Betten 명 침대
bewölkt 형 구름이 낀
bezahlen 동 지불하다
die Bibliothek, die Bibliotheken 명 도서관
das Bier, die Biere 명 맥주
das Bild, die Bilder, 명 그림, 사진
bilden 동 만들다
die Bilder Ausstellung/das Bilderbuch
billig 형 값싼

die Biologie 명 생물(학)
die Birne, die Birnen 명 배(과일)
bis 전 ~까지
bitte 부 부디(부탁), 네(좋습니다)
bitte schön 천만에요
bitter 형 쓴
blau 형 푸른 색의
bleiben 동 머물다
die Blume, die Blumen 명 꽃
die Bluse, die Blusen 명 블라우스
blüten 동 꽃이 피다
die Branche, die Branchen 명 업종, 분야
Brandenburg 명 독일 브란덴부르크 주
Brandenburger Tor 브란덴부르크 성문
der Bratwurst, die Bratwürste 명 구운 쏘시지
brauchen 동 ~을 필요로 하다
braun 형 갈색의
breit 형 넓은
die Brezel, die Brezeln 명 독일 빵
der Brief, die Briefe 명 편지
bringen 동 가져오다
das Brot, die Brote 명 빵
das Brötchen, - 명 동그란 작은 독일빵
der Bruder, die Brüder 명 형(제)
das Buch, die Bücher 명 책
buchen 동 예약하다
der Buchhalter, - 명 경리
die Buchhandlung, die Buchhandlungen 명 서점
der Buchstabe, die Buchstaben 명 자모
buchstabieren 동 철자를 부르다
Bundesrepublik Deutschland 명 독일연방공화국
bunt 형 천연색의
das Büro, die Büros 명 사무실
der Bus, die Busse 명 버스
die Busnummer, die Busnummern 명 버스번호
die Butter (Sg) 명 버터

C

das Café, die Cafés 명 카페
der Campingurlaub, die Campingurlaube 명 캠핑휴가
das Cello, die Cellos 명 첼로
der Cent, die Cents 명 센트(유로화)
die Chemie 명 화학
China 명 중국
Chinesisch 명 중국어
circa (= zirca/ ca.) 부 대략
die Cola, die Colas 명 콜라
der Computer, - 명 컴퓨터
das Computergame, die Computergames 명 컴퓨터게임
der Cousin, die Cousins 명 사촌
die Cousine, die Cousinen 명 사촌(여)

D

da 부 거기에, 그때에
dahin 부 거기로
danken 동 감사하다
danke schön/danke herzlich
dann 부 그러고 나서, 그 후
das 대 그것
dauern 동 시간이 걸리다
der Daumen, - 명 엄지손가락
dein 대 너의
denn 접 왜냐하면 부 정말(강조)
deshalb 부 그러므로
deutsch 명 독일(사람)의
Deutsch 형 독일어
der Deutschkurs, die Deutschkurse 명 독일어강좌
Deutschland 명 독일
der Dezember (Sg) 명 12월
dich 대 너를
der Dienstag, die Dienstage 명 화요일
diese ↗dieser
dieser 대 이것은
diesmal 부 이번에는
das Ding, die Dinge 명 사물, 물건
dir 대 너에게

direkt ⓗ 똑바른, 곧은
die Disko(Disco)/die Diskothek,
die Diskotheken ⓜ 디스코테크
doch ⓑ 아니, 정말(강조용법)
der Donnerstag, die Donnerstage ⓜ 목요일
dort ⓑ 거기
die Dose, die Dosen ⓜ 깡통
dritt 세 번째(서수)
du ⓓ 너
dumm ⓗ 어리석은
dunkel ⓗ 어두운
dunkelblau ⓗ 짙은 청색의
durch ⓙ ~를 통과해서
dürfen ⓓ 해도 좋다
der Durst (Sg) ⓜ 목마름
das Duschbad, die Duschbäder ⓜ 샤워실
die Dusche, die Duschen ⓜ 샤워

E

die Ecke, die Ecken ⓜ 모퉁이
das Ei, die Eier ⓜ 계란
ein bisschen ⓗ 조금
ein paar ⓗ 약간의, 두서넛의
einfach ⓗ 단순한, ⓑ 그냥
ein · kaufen ⓓ 장보다
der Einkaufsbummel, - ⓜ 쇼핑을 위한 산책
ein · laden ⓓ 초대하다
die Einladung, die Einladungen ⓜ 초대
ein · packen ⓓ 짐을 싸다
ein · setzen ⓓ 넣다
einverstanden ⓗ 동의한
die Einweihungsparty, die Einweihungspartys
ⓜ 집들이 파티
ein · zahlen ⓓ 입금하다
das Eis (Sg) ⓜ 아이스크림, 얼음
der Elefant, die Elefanten ⓜ 코끼리
das Elektrogerät, die Elektrogeräte ⓜ 가전제품
die Eltern (Pl) ⓜ 부모
die E-Mail, die E-Mails ⓜ 이-메일
der Empfang, die Empfänge ⓜ 접수
endlich ⓑ 마침내
die Endung, die Endungen ⓜ 어미
England ⓜ 영국
Englisch ⓜ 영어
der Enkel, - ⓜ 손자
die Enkelin, die Enkelinnen ⓜ 손녀
das Enkelkind, die Enkelkinder ⓜ 손자
entlang ⓙ ~을 따라서
entschuldigen ⓓ 사과하다
die Entschuldigung, die Entschuldigungen ⓜ 사과
er ⓓ 그 남자
die Erdkunde, die Erdkunden ⓜ 지리(학)
das Erdgeschoss, die Erdgeschosse ⓜ 1층
der Erfolg, die Erfolge ⓜ 성공
ergänzen ⓓ 보충하다
die Erholung, die Erholungen ⓜ 휴식, 회복
erinnern ⓓ 기억하다, 추억하다
erkältet ⓓ 감기든
die Eröffnungsfeier, die Eröffnungsfeiern
ⓜ 개점파티
erst ⓑ 우선, 비로소
die Erzieherin, die Erziehrinnen ⓜ 유치원교사
es ⓓ 그것
das Essen (Sg) ⓜ 음식
essen ⓓ 먹다
der Essig (Sg) ⓜ 식초
etwas ⓓ 어떤 것 ⓑ 약간
euch ⓓ 너희들에게, 너희들을
euer ⓓ 너희들의
der Euro, die Euros ⓜ 유로화
Europa ⓜ 유럽
die Europareise
die Europäische Union(EU) ⓜ 유럽공동체
das Examen, - ⓜ 시험

F

das Fach, die Fächer ⓜ 학과
die Fahne, die Fahnen ⓜ 국기

fahren ⓢ 차타고 가다
die Fahrkarte, die Fahrkarten 명 차표
das Fahrrad, die Fahrräder 명 자전거
fallen 동 떨어지다
falsch 형 틀린
die Familie, die Familien 명 가족
der Familienname, die Familiennamen 명 성
der Familienstand (Sg) 명 혼인관계
fantastisch 형 환상적인, 굉장히 좋은
faul 형 게으른, 상한
die Farbe, die Farben 명 색깔
faulenzen 동 게으름을 피우다
der Februar(Sg) 명 2월
der Federball, die Federbälle 명 배드민턴
der Fehler, - 명 실수
feiern 동 축하하다, 일을 쉬다
der Feiertag, die Feiertage 명 휴일
das Fenster, - 명 창문
die Ferien (Pl) 명 방학
die Ferienwohnung, die Ferienwohnungen 명 별장
fern · sehen 동 TV를 보다
der Fernseher, - 명 TV
fertig 형 준비된, 끝난
das Fest, die Feste 명 축제, 파티
fett 형 기름진
feucht 형 습한, 축축한
der Film, die Filme 명 영화
finden 동 ~라고 생각하다
die Firma, die Frimen 명 회사
der Fisch, die Fische 명 생선
die Flasche, die Flaschen 명 (물)병
das Fleisch (Sg) 명 고기
fleißig 형 부지런한
fliegen 동 비행기타다, 날다
fließend 부 흐르는, 유창한
die Flöte, die Flöten 명 플룻
der Flughafen, die Flughäfen 명 비행장
das Flugzeug, die Flugzeuge 명 비행기
der Flur, die Flure 명 복도
der Fluss, die Flüsse 명 강

folgend 형 다음의
die Form, die Formen 명 형태
das Formular, die Formulare 명 서식용지
das Foto, die Fotos 명 사진
fotografieren 동 사진을 찍다
die Frage, die Fragen 명 질문
fragen 동 묻다
die Frankfurter (Pl) 명 프랑크푸르트산 쏘시지
Frankreich 명 프랑스
Französisch 명 프랑스어
die Frau, die Frauen 명 여자, 아내
der Freitag, die Freitage 명 금요일
die Freizeit, die Freizeiten 명 여가
fremd 형 낯선
die Fremdsprache, die Fremdsprachen 명 외국어
freuen 동 기쁘다
der Freund, die Freunde 명 친구
die Freundin, die Freundinnen 명 친구(여)
freundlich 형 친절한
frisch 형 신선한, 싱싱한
der Friseur, die Friseure 명 미용실
der Frosch, die Frösche 명 개구리
fröhlich 형 즐거운
der Frühling (Sg) 명 봄
der Frühstück (Sg) 명 아침식사
frühstücken 동 아침을 먹다
für 전 ~을 위해
der Führerschein,
die Führerscheine 명 자동차 면허증
die Führung, die Führungen 명 안내
funktionieren 동 기능하다
der Fuß, die Füße 명 발
der Fußball, die Fußbälle 명 축구

G

die Gabel, die Gabeln 명 포크
ganz 형 부 완전히, 아주
den gangzen Tag/die ganze Nacht
die Garage, die Garagen 명 차고

der Garten, die Gärten 명 정원
die Gartenarbeit, die Gartenarbeiten 명 정원 작업
der Gast, die Gäste 명 손님
das Gastzimmer, - 명 손님방
geben 동 ~을 주다
geboren sein 출생하다
der Geburtstag, die Geburtstage 명 생일
die Geburtstagsparty, die Geburtstagspartys 명 생일파티
gefallen 동 마음에 들다
gegen 전 ~에 반대하는, ~시 경에
gegenüber 전 ~ 건너편에
gehen 동 가다
gehören 동 속하다
gelb 형 노란색의
das Geld (Sg) 명 돈
das Gemüse (Sg) 명 야채
die Gemüsesuppe, die Gemüsesuppen 명 야채수프
genau 부 정확히, 상세히
genießen 동 즐기다
genug 형 충분한
geradeaus 부 똑 바로, 직진하여
die Germanistik 명 독문학
gern(e) 부 기꺼이
das Geschenk, die Geschenke 명 선물
geschieden 형 이혼한
die Geschwister (Pl) 명 형제 · 자매
das Gespräch, die Gespräche 명 대화
gestern 부 어제
die Gesundheit (Sg) 명 건강
das Getränk, die Getränke 명 음료수
getrennt 형 분리된
das Gewitter, - 명 천둥
gießen 동 물을 주다
die Gitarre, die Gitarren 동 기타
das Glas, die Gläser 명 유리잔
glauben 동 ~라고 생각하다
gleich 형 같은 부 곧
gleichfalls 부 마찬가지로
das Glück (Sg) 명 행운
glücklich 형 행복한
der Glückwunsch, die Glückwünsche 명 축하
die Glühbirne, die Glühbirnen 명 전구
das Gold (Sg) 명 금
das Grad, die Grade 명 눈금, 도(체온/온도)
das Gramm (g), die Gramme 명 그램
die Grammatik (Sg) 명 문법
das Grillfest, die Grillfeste 명 바베큐파티
groß 형 큰
die Größe, die Größen 명 크기, 사이즈
die Großeltern (Pl) 명 조부모
grün 형 초록색의
der Gruß, die Grüße 명 인사
die Grußkarte, die Grußkarten 명 안부엽서
die Gurke, die Gurken 명 오이
gut 형 좋은
Gute Erholung/Gute Nacht/Gute Reise/ Guten Abend/Guten Appetit/Guten Flug/ Guten Morgen/Guten Rutsch/Guten Tag/ Gute Besserung

H

das Haar, die Haare 명 머리카락
haben 동 갖고 있다
der Hackbraten, - 명 갈은 돼지고기구이
das Hähnchen, - 명 어린 숫닭
halb 부 반
hallo 감 안녕
der Hamburger, - 명 햄버거
der Handball, die Handbälle 명 핸드볼
der Handschuh, die Handschuhe 명 장갑
das Handy, die Handys 명 핸드폰
hart 형 딱딱한, 힘든
hässlich 형 미운, 추한
das Hauptfach, die Hauptfächer 명 전공
das Hauptgericht, die Hauptgerichte 명 주메뉴
die Hauptstadt, die Hauptstädte 명 수도
das Haus, die Häuser 명 집
zu Hause 집에서

die Hausaufgabe, die Hausaufgaben ⓜ 숙제
das Haustier, die Haustiere ⓜ 집에서 키우는 동물
die Heimat, die Heimaten ⓜ 고향
heiraten ⓢ 결혼하다
heiß ⓗ 뜨거운
heißen ⓢ ~ 라고 부르다
der Held, die Helden ⓜ 주인공, 영웅
helfen ⓢ 돕다
hell ⓗ 밝은
das Hemd, die Hemde ⓜ 셔츠
der Herbst (Sg) ⓜ 가을
der Herd, die Herde ⓜ (가스/전기)레인지
der Herr, die Herren ⓜ ~씨
herrlich ⓗ 굉장한, 멋진
herum ⓑ 둘러서
das Herz, die Herzen ⓜ 가슴, 마음
herzlich ⓗ 진심으로
herzlich Willkommen/herzliche Grüße/herzlichen Dank
heute ⓑ 오늘
hier ⓑ 여기에
die Hilfe, die Hilfen ⓜ 도움
hinten ⓑ 뒤에
hinter ⓙ ~ 뒤에
hm ⓖ 흠
das Hobby, die Hobbys ⓜ 취미
die Hochzeit (Sg) ⓜ 결혼식
die Hochzeitsparty, die Hochzeitspartys ⓜ 결혼파티
hoffen ⓢ 희망하다
hören ⓢ 듣다
der Hörtext, die Hörtexte ⓜ 듣기텍스트
die Hose, die Hosen ⓜ 바지
das Hotel, die Hotels ⓜ 호텔
hübsch ⓗ 예쁜
der Hund, die Hunde ⓜ 개
der Hunger (Sg) ⓜ 배고픔

I

ich ⓓ 나
die Idee, die Ideen ⓜ 아이디어
ihm ⓓ 그에게
ihn ⓓ 그를
ihr ⓓ 그녀에게, 그녀의
ihr (Pl) ⓓ 너희들
Ihr ⓓ 당신의
der Imbiss, die Imbisse ⓜ 가벼운 식사(음식점)
immer ⓑ 항상
die Immobilie, die Immobilien ⓜ 부동산 중개소
der Imperativ, die Imperative ⓜ 명령문
in ⓙ ~ 안에
der Infinitiv, die Infinitive ⓜ 동사부정형
die Informatik (Sg) ⓜ 전산학
der Ingenieur, die Ingenieure ⓜ 기술자(남)
der Inlineskate, die Inlineskates ⓜ 인라인스케이트
die Insel, die Inseln ⓜ 섬
das Instrument, die Instrumente ⓜ 악기
die Inter City(IC) ⓜ 고속열차
interessant ⓗ 흥미있는, 재미있는
interessieren ⓢ 관심이 있다
das Internet (Sg) ⓜ 인터넷
Italien ⓜ 이탈리아
Italienisch ⓗ 이탈리아어

J

ja ⓑ 네
die Jacke, die Jacken ⓜ 재킷
das Jahr, die Jahre ⓜ 년, 해
die Jahreszeit, die Jahreszeiten ⓜ 계절
der Januar (Sg) ⓜ 1월
Japan ⓜ 일본
Japanisch ⓗ 일본어
die Jeans (Pl) ⓜ 청바지
jeder ⓓ 각각의, 모든
jeden Tag/jeden Morgen/jede Nacht
jemand ⓓ 누군가

jetzt 부 지금, 현재
das Joghurt, die Joghurts 명 요구르트
der Journalist, die Journalisten 명 기자
die Jubiläumsfeier, die Jubiläumsfeiern 명 기념파티
die Jugendherberge, die Jugendherbergen 명 유스호스텔
der Juli (Sg) 명 7월
jung 형 젊은, 어린
der Junggesellenabend, die Junggesellenabende 명 총각파티
der Juni (Sg) 명 6월
Jura 명 법학

K

der Kaffee (Sg) 명 커피
die Kaffeemaschine, die Kaffeemaschinen 명 커피메이커
kalt 형 추운
die Kamera, die Kameras 명 카메라
der Kapitän, die Kapitäne 명 선장
kaputt 형 망가진
die Karotte, die Karotten 명 당근
die Kartoffel, die Kartoffeln 명 감자
der Käse (Sg) 명 치즈
das Käsebrot, die Käsebrote 명 치즈를 끼운 빵
der Käsekuchen, - 명 치즈 케이크
die Kasse, die Kassen 명 계산대
die Katze, die Katzen 명 고양이
kaufen 동 사다
das Kaufhaus, die Kaufhäuser 명 백화점
der Kaufmann, die Kaufleute 명 상인
die Kaution, die Kautionen 명 보증금
der Kebbab, - 명 꼬챙이에 끼운 양불고기
kein 대 하나도 ~ 않다(부정수사)
keine Ahnung 전혀 알지 못하다
der Kellner, - 명 웨이터
kennen 동 알다
kennen · lernen 동 ~ 와 알게 되다
das Kilo (kg), die Kilos 명 킬로그램
das Kind, die Kinder 명 어린이
der Kindergarten, die Kindergärten 명 유치원
das Kinderzimmer, - 명 어린이방
das Kino, die Kinos 명 영화관
did Kirche, die Kirchen 명 교회
die Kiwi, die Kiwis 명 키위
klar 형 명백한, 맑은
die Klarinette, die Klarinetten 명 클라리넷
klassisch 형 고전적
das Klavier, die Klaviere 명 피아노
das Kleid, die Kleider 명 원피스, 여성복
die Kleidung (Sg) 명 옷
klein 형 작은, 어린
die Klimaanlage, die Klimaanlagen 명 에어컨
klug 형 똑똑한
der Knabe, die Knaben 명 소년
die Kneipe, die Kneipen 명 술집
der Knoblauch, - 명 마늘
der Koch, die Köche 명 요리사(남)
kochen 동 음식을 하다
der Koffer, - 명 여행가방
der Kohl, die Kohle 명 양배추
der Kollege, die Kollegen 명 동료
komisch 형 우스운
kommen 동 오다
die Komparativ, die Komparative 명 비교급
der Komponist, die Komponisten 명 작곡가(남)
der Konjunktiv (Konj.) 명 접속법
der Konsonant, die Konsonanten 명 자음
können 동 ~ 할수 있다
das Konzert, die Konzerte 명 콘서트
der Kopfschmerz, die Kopfschmerzen 명 두통
der Korb, die Körbe 명 바구니
Korea 명 한국
Koreanisch 명 한국어
koreanisch 형 한국(사람)의
kosten 동 값이 ~ 얼마다
das Kotelett 명 돼지고기구이
krank 형 아픈
das Krankenhaus/die Krankenschwester

die Krankenversicherungskarte,
die Krankenversicherungskarten ⑲ 의료보험증
die Kreuzfahrt, die Kreuzfahrten ⑲ 크루즈
die Kreuzung, die Kreuzungen ⑲ 교차로
die Küche, die Küchen ⑧ 부엌
der Kuchen, - ⑲ 케이크
der Kugelschreiber, - ⑲ 볼펜
kühl ⑱ 선선한
der Kühlschrank, die Kühlschränke ⑲ 냉장고
der Kurs, die Kurse ⑲ 과정
kurz ⑱ 짧은, 가까운
kurz vor 12 Uhr

L

der Landwirt, die Landwirten ⑲ 농부
die Lampe, die Lampen ⑲ 전등
das Land, die Länder ⑲ 국가, 시골
die Landkarte, die Landkarten ⑲ 지도
lang ⑱ 긴
langsam ⑱ 느린
langweilig ⑱ 지루한
lassen ⑧ ~하게 내버려두다
laufen ⑧ 달리다
Inline-Skate laufen
die Laune, die Launen ⑲ 기분
laut ⑱ 커다란
das Leben (Sg) ⑲ 인생, 삶
leben ⑧ 살고 있다
der Lebenslauf, die Lebensläufe ⑲ 이력서
das Lebensmittel, - ⑲ 식료품
die Lebensmittelabteilung,
die Lebensmittelabteilungen ⑲ 식료품부
lecker ⑱ 맛있는
ledig ⑱ 미혼의
der Lehrer, - ⑲ 선생님
die Lehrerin, die Lehrerinnen ⑲ 여선생님
leicht ⑭ 가볍게
leid ⑱ 아픈
tut mir leid
leider ⑭ 유감스럽게도
leihen ⑧ 빌리다
die Lektion, die Lektionen ⑲ 과, 장
lernen ⑧ 배우다
lesen ⑧ 읽다
letzt ⑱ 지난 ⑭ 마지막으로
die Leute (Pl) ⑲ 사람들
lieb ⑱ 사랑스러운
liebe Grüße
lieben ⑧ 사랑하다
das Lieblingsessen ⑲ 좋아하는 음식
das Lieblingsbuch/das Lieblingsfach/der Lieblingsfilm/das Lieblingsgetränk/die Lieblingsmusik/das Lieblingsland
das Lied, die Lieder ⑲ 노래, 가곡
liegen ⑧ 놓여있다
links ⑭ 왼쪽으로
der Liter, - ⑲ 리터
der Löffel, - ⑲ 숟갈
die Lücke, die Lücken ⑲ 빈 곳
die Lust, die Lüste ⑲ 욕구
lustig ⑱ 명랑한

M

machen ⑧ ~를 만들다, ~를 하다
der Mai (Sg) ⑲ 5월
mal ⑭ 한번, 언젠가
malen ⑧ 그림을 그리다
der Maler - ⑲ 화가
die Mama, die Mamas ⑲ 엄마
man ⑭ 사람들
manchmal ⑭ 때때로, 이따금
der Mann, die Männer ⑲ 남자, 남편
der Mantel, die Mäntel ⑲ 코트
der Markt, die Märkte ⑲ 시장
der Marktplatz, die Marktplätze ⑲ 광장, 시장
die Marmelade (Sg) ⑲ 잼
der März (Sg) ⑲ 3월
die Mathematik ⑲ 수학

das Medikament, die Medikamente 명 의약품
die Medizin 명 의학
das Meer, die Meere 명 바다
das Mehl (Sg) 명 밀가루
mehr 부 더
mein 대 나의
meinen 동 ~라고 생각하다
meistens 부 대부분
die Mensa, die Mensen 명 학교식당
der Mensch, die Menschen 명 사람
das Messer, - 명 칼
der Meter, - 명 미터
mich 대 나를
die Miete, die Mieten 명 방값
mieten 동 방을 빌리다
der Mietvertrag, die Mietverträge 명 임대계약서
die Milch (Sg) 명 우유
der Milchkaffee (Sg) 명 우유커피
die Million, die Millionen 명 백만
das Mineralwasser (Sg) 명 탄산수
mir 대 나에게
mit 전 ~와 함께
mit · bringen 동 가져오다
mit · fahren 동 함께 타고가다
mit · kommen 동 함께 가다
minus 부 영하로 형 보다 적은
die Minute, die Minuten 명 분(시간)
der Mittag (Sg) 명 점심
die Mittagspause, die Mittagspausen 명 점심휴식시간
die Mittelschule, die Mittelschulen 명 중학교
der Mittwoch, die Mittwoche 명 수요일
mmh 감 ~흠
das Möbel, - 명 가구
möbliert 형 가구가 비치되어 있는
möchten 동 ~ 하고 싶다
das Modalverb, die Modalverben 명 화법조동사
modern 형 현대적인
mögen 동 ~을 좋아한다
der Monat, die Monate 명 달
die Monatsmiete, die Monatsmieten 명 월세
der Montag, die Montage 명 월요일
der Morgen, - 명 아침
morgen 부 내일
morgens 부 아침마다, 아침에
das Motorrad, die Motorräder 명 오토바이
der MP3-Player 명 엠피쓰리플레이어
müde 형 피곤한
das Museum, die Museen 명 박물관
die Musik (Sg) 명 음악
der Musiker, - 명 연주자(남)
müssen 동 ~ 해야만 한다
die Mutter, die Mütter 명 어머니

N

na 감 자, 그러면
na gut 감 그래 좋아
na ja 감 글쎄
na klar 부 물론이지
nach 전 ~ 후에 ~로
der Nachmittag, die Nachmittage 명 오후
nachmittags 부 오후에
die Nachrichten (Pl) 명 뉴스
die Nacht, die Nächte 명 밤
der Nachtisch, die Nachtische 명 후식
nach · zahlen 동 추가로 지불하다
nächst 형 다음
die Nähe(Sg) 명 가까움
der Name, die Namen 명 이름
nass 형 젖은
natürlich 부 당연히
der Naturwissenschaftler, - 명 자연과학자
die Nebenkosten (Pl) 명 방세 외 부대비용
neblig 형 안개 낀
der Neffe, die Neffen 명 조카(남)
nehmen 동 선택하다
nein 부 아니오
nennen 동 ~라고 부르다
nett 형 친절한

neu ⓗ 새로운
nicht ⓑ ~ 아니다, ~ 않다
nicht ~, sondern ~ ⓙ ~가 아니라, ~다
die Nichte, die Nichten ⓜ 조카(여)
nie ⓑ 결코, 한 번도 아닌
niesen ⓓ 재채기 하다
noch ⓑ 아직, 더
noch etwas
das Nomen, die Nomens ⓜ 명사
Norddeutschland ⓜ 북독
der Norden (Sg) ⓜ 북쪽
die Nordsee ⓜ 북해
der November (Sg) ⓜ 11월
die Nudel, die Nudeln ⓜ 국수
null 0(숫자)
die Nummer, die Nummern ⓜ 번호
die Nussschnecke, die Nussschnecken ⓜ 달팽이빵
nur ⓑ 단지

O

oben ⓑ 위에
das Obst (Sg) ⓜ 과일
der Obstkuchen, ⓜ 과일케이크
oder ⓑ 혹은
offen ⓗ 열린
offen gesagt
oft ⓑ 자주
ohne ⓙ ~ 없이
der Oktober (Sg) ⓜ 10월
das Öl (Sg) ⓜ 기름
die Oma, die Omas ⓜ 할머니
der Onkel, - ⓜ 삼촌
der Opa, die Opas ⓜ 할아버지
die Oper, die Opern ⓜ 오페라
die Opernsängerin, die Opernsängerinnen ⓜ 오페라가수(여)
die Orange, die Orangen ⓜ 오렌지
orange ⓗ 오렌지색의
der Orangensaft, die Orangensäfte ⓜ 오렌지쥬스
ordnen ⓓ 정리하다
die Ordnung, die Ordnungen ⓜ 질서
die Orgel, die Orgeln ⓜ 오르간
originell ⓗ 독창적인
der Osten (Sg) ⓜ 동쪽
Österreich ⓜ 오스트리아
österreichisch ⓗ 오스트리아(사람)의

P

das Päckchen, - ⓜ 소포
packen ⓓ 물건을 싸다
die Packung, die Packungen ⓜ 봉지, 갑
der Papa, die Papas ⓜ 아빠
der Paprika, die Paprikas ⓜ 피망
der Park, die Parks ⓜ 공원
der Parkplatz, die Parkplätze ⓜ 주차장
das Partizip Perfekt ⓜ 과거분사
die Party, die Partys ⓜ 파티
der Pass, die Pässe ⓜ 여권
passen ⓓ 어울리다, 맞다
passieren ⓓ 발생하다
die Pause, die Pausen ⓜ 쉬는 시간
das Perfekt (Sg) ⓜ 현재완료
die Person, die Personen ⓜ 사람, 인칭
der Pfarrer, - ⓜ 목사
der Pfeffer (Sg) ⓜ 후추
das Pflanzenöl (Sg) ⓜ 식물성기름
das Pfund, die Pfunde ⓜ 파운드
die Physik ⓜ 물리(학)
die Philosophie ⓜ 철학
das Piano, die Pianos ⓜ 피아노
das Picknick, die Picknicks ⓜ 피크닉
der Pilz, die Pilze ⓜ 버섯
die Pizza, die Pizzas ⓜ 피자
der Platz, die Plätze ⓜ 자리
der Plural, die Plurale ⓜ 복수
der Polizist, die Polizisten ⓜ 경찰
die Politik ⓜ 정치(학)
die Pommes frites (Pl) ⓜ 감자튀김

der Posessivpronomen,- ⓜ 소유대명사
die Post, die Posten ⓜ 우체국
die Postkarte, die Postkarten ⓜ 엽서
die Postleitzahl, die Postleitzahlen ⓜ 우편번호
das Praktikum, die Praktiken ⓜ 실습
die Präposition, die Präpositionen ⓜ 전치사
das Präsens (Sg) ⓜ 동사의 현재형
der Präsident, die Präsidenten ⓜ 대통령
das Präteritum, die Präteritums ⓜ 동사의 과거형
der Preis, die Preise ⓜ 가격
preisgünstig ⓗ 저렴한
pro ⓙ ~에 대하여
probieren ⓓ 시험 삼아 ~해보다, 맛보다
das Problem, die Probleme ⓜ 문제
der Professor, die Professoren ⓜ 교수
das Programm, die Programme ⓜ 프로그램
das Pronomen, die Pronomens ⓜ 대명사
prost (prosit) ⓖ 건배
die Prüfung, die Prüfungen ⓜ 시험
der Pullover, - ⓜ 스웨터
pünktlich ⓑ 정각에

Q

der Quadratmeter (qm), - ⓜ 평방미터

R

das Rad, die Räder ↗das Fahrrad
das Radio, die Radios ⓜ 라디오
das Rathaus, die Rathäuser ⓜ 시청
rauchen ⓓ 담배를 피우다
die Rechnung, die Rechnungen ⓜ 계산서
rechts ⓑ 오른쪽으로
das Regal, die Regale ⓜ 책장
der Rcgen (Sg) ⓜ 비
der Regenschirm, die Regenschirme ⓜ 우산
der Regisseur, die Regisseure ⓜ 영화(연극)감독
regnen ⓓ 비가 오다
regnerisch ⓗ 비가 올 것 같은
reich ⓗ 부유한
der Reichstag ⓜ 독일 제국의회 의사당
die Reinigung, die Reinigungen ⓜ 세탁소
der Reis (Sg) ⓜ 쌀
die Reise, die Reisen ⓜ 여행
reisen ⓓ 여행하다
das Reisebüro/der Reisescheck/die Reisevorbereitung/der Reisewecker/der Reiseleiter
reparieren ⓓ 수선하다
das Restaurant, die Restaurants ⓜ 식당
der Rettich, die Rettiche ⓜ 무
richtig ⓗ 맞는
die Richtung, die Richtungen ⓜ 방향
das Rindfleisch (Sg) ⓜ 소고기
der Ring, die Ringe ⓜ 반지
der Rollschuh, die Rollschuhe ⓜ 스케이트
rot ⓗ 붉은색의
der Rotwein, die Rotweine ⓜ 적포도주
der Rücksack, die Rücksäcke ⓜ 배낭
ruhig ⓗ 조용한
die Rundfahrt, die Rundfahrten ⓜ 일주
der Rutsch, die Rutsche ⓜ 미끄러짐
rutschen ⓓ 미끄러지다

S

der Saft, die Säfte ⓜ 쥬스
sagen ⓓ 말하다
die Sahne (Sg) ⓜ 생크림
der Salat, die Salate ⓜ 샐러드
der Salz (Sg) ⓜ 소금
salzig ⓗ 짠
der Samstag, die Samstage ⓜ 토요일
die Sandale, die Sandalen ⓜ 샌들
der Sänger, - ⓜ 성악가(남), 가수
die Sängerin, die Sängerinnen ⓜ 성악가(여)
satt ⓗ 배부른
der Satz, die Sätze ⓜ 문장
sauer ⓗ 신맛의
das Saxophon, die Saxophone ⓜ 색소폰

schade 형 유감인, 애석한
schaffen 동 해내다
der Schal, die Schals 명 목도리
scharf 형 매운, 날카로운
der Schauspieler, - 명 배우(남)
der Schein, die Scheine 명 지폐
scheinen 동 ~으로 보이다, 빛나다
schicken 동 보내다
das Schiff, die Schiffe 명 배
schlafen 동 잠자다
das Schlafzimmer, - 명 침실
das Schlagzeug, die Schlagzeuge 명 드럼, 타악기
schlecht 형 나쁜
der Schlosspark, dis Schlossparke 명 성의공원
der Schlüssel, - 명 열쇠
schmal 형 좁은
schmecken 동 맛이 있다
der Schneeball, die Schneebälle 명 눈덩어리
schneiden 동 자르다
schneien 동 눈이 오다
schnell 형 빠른
das Schnitzel 명 송아지고기요리
der Schokoriegel 명 막대모양 초콜릿간식
schon 부 이미
schön 형 아름다운
der Schrank, die Schränke 명 장
schreiben 동 글을 쓰다
der Schuh, die Schuhe 명 신발
die Schule, die Schulen 명 학교
der Schüler, - 명 남학생
die Schülerin, die Schülerinnen 명 여학생
der Schulfreund, die Schulfreunde 명 동창생
der Schulhof, die Schulhöfe 명 학교마당
die Schüssel, die Schüsseln 명 움푹 파인 그릇
der Schwager, die Schwäger - 명 배우자의 남자형제
die Schwägerin, die Schwägerinnen
명 배우자의 여자형제
schwarz 형 검정색의
der Schweinebraten, - 명 돼지고기구이
die Schweiz 명 스위스
die Schwester, die Schwestern 명 자매
die Schwiegereltern (Pl) 명 배우자의 부모
schwierig 형 어려운
schwimmen 동 수영하다
das Schwimmbad, die Schwimmbäder 명 수영장
die See, die Seen 명 바다
der See, die Seen 명 호수
segeln 동 요트를 타다
sehen 동 보다
die Sehenswürdigkeit, die Sehenswürdigkeiten
명 구경거리
sehr 부 매우
sein 동 ~ 이다, ~있다
sein 대 그 남자의, 그것의
seit 전 ~ 이후로
die Seite, die Seiten 명 방향
die Sekretärin, die Sekretärinnen 명 비서(여)
selbst 대 스스로
seltsam 형 기이한, 드문
das Semester, - 명 학기
der Senf (Sg) 명 겨자
der September (Sg) 명 9월
setzen 동 앉다
sich 대 재귀대명사(er sie Sie)
sicherheitshalber 부 안전하게
Sie 대 당신(2인칭 존칭)
sie 대 그녀
sie (Pl) 대 그들
das Silvester (Sg) 명 망년회
die Silvesterfeier, die Silvesterfeiern 명 망년회
singen 동 노래하다
das Skateboard, die Skateboards 명 스케이트보드
der Ski, die Skier 명 스키
der Skianzug/die Skibrille/die Skihose/die Skischuhe
das Sofa, die Sofas 명 소파
sogar 부 더군다나, ~조차
der Sohn, die Söhne 명 아들
der Sommer, - 명 여름
der Sommerurlaub, die Sommerurlaube
명 여름휴가

das Sonderangebot, die Sonderangebote
명 특별할인 품목
der Sonnabend, die Sonnabende 명 토요일
die Sonne, die Sonnen 명 태양
das Sonnenbad, die Sonnenbäder 명 일광욕
die Sonnenbrille/das Sonnenöl (Sg)/der Sonnenschirm
sonnig 형 해가 나는
der Sonntag, die Sonntage 명 일요일
sonst 부 그 외
sonst noch etwas
die Soße, die Soßen 명 소스
die Spaghetti (Pl) 명 스파게티
der Spaß, die Späße 명 재미
spät 부 늦게
später 부 나중에
spazieren · gehen 동 산책하다
der Spaziergang, die Spaziergänge 명 산책
die Speisekarte, die Speisekarten 명 메뉴
die Spezialität, die Spezialitäten 명 별식
der Spiegel, - 명 거울
spielen 동 (운동, 게임) 하다, (악기를) 연주하다
der Sport (Sg) 명 운동
der Sportler, - 명 운동선수
das Sportfest, die Sportfeste 명 체육대회
sprechen 동 말하다
die Staatsangehörigkeit,
die Staatsangehörigkeiten 명 국적
die Stadt, die Städte 명 도시
die Stadtführung/die Stadtmitte/der Stadtplan/die Stadtrundfahrt
der Stammbaum, die Stammbäume 명 계보
statt · finden 동 개최되다
das Steak, die Steaks 명 스테이크
stehen 동 서다
gut stehen 잘 어울린다
die Stelle, die Stellen 명 직장
stimmen 동 맞다
stimmt so
der Stock, - 명 층
die Straße, die Straßen 명 거리
die Straßenbahn, die Straßenbahnen 명 전차

das Stück, die Stücke 명 조각
der Student, die Studenten 명 대학생(남)
das Studentenheim, die Studentenheime
명 학생기숙사
die Studentin, die Studentinnen 명 여대생
das Studienjahr, die Studienjahre 명 학년
studieren 동 공부하다
das Studium (Sg) 명 대학공부
der Stuhl, die Stühle 명 의자
die Stunde, die Stunden 명 시간
suchen 동 구하다, 찾다
Süddeutschland 명 남독
der Süden (Sg) 명 남쪽
super 형 최고
der Superlativ, die Superlative 명 최상급
der Supermarkt, die Supermärkte 명 슈퍼마켓
die Suppe, die Suppen 명 수프
surfen 동 윈드서핑하다
süß 형 달콤한
sympathisch 형 호감 가는

T

der Tag, die Tage 명 낮, 날
die Tageszeit, die Tageszeiten 명 요일
der Tango (Sg) 명 탱고
die Tante, die Tanten 명 아주머니
tanzen 동 춤추다
die Tasche, die Taschen 명 주머니, 가방
die Tasse, die Tassen 명 찻잔
tausend 1000
das Taxi, die Taxis 명 택시
das Techno 명 테크노 음악
der Tee (Sg) 명 차
das Telefon(Tel.), die Telefone 명 전화
die Telefonnummer, die Telefonnummern
명 전화번호
der Teller, - 명 접시
die Temperatur, die Temperaturen 명 온도
das Tennis (Sg) 명 테니스

die Theologie 명 신학
der Teppich, die Teppiche 명 양탄자
der Termin, die Termine 명 일정
die Terrasse, die Terrassen 명 테라스
der Text, die Texte 명 텍스트
teuer 형 비싼
das Theater, - 명 극장
tief 형 깊은
der Tisch, die Tische 명 책상
der Titel, - 명 제목
die Tochter, die Töchter 명 딸
die Toilette, die Toiletten 명 화장실
toll 형 멋있는
die Tomate, die Tomaten 명 도마토
die Tomatensoße, die Tomatensoßen 명 토마토소스
der Tourist, die Touristen 명 관광객(남)
die Touristin, die Touristinnen 명 관광객(여)
der Traum, die Träume 명 꿈
der Traumberuf/das Traumhaus, die Traumhäuser
treffen 동 만나다
trennbar 형 분리된
die Treppe, die Treppen 명 층계
trinken 동 마시다
das Trinkgeld (Sg) 명 팁
trocken 형 건조한
die Trompete, die Trompeten 명 트럼펫
tschüs 안녕(작별인사)
tun 동 행하다
der Tunnel, - 명 터널
die Tür, die Türen 명 문

U

die U-Bahn, die U-Bahnen 명 지하철
üben 동 연습하다
über 전 ~ 위에
übermorgen 부 모레
überqueren 동 가로질러 가다
übernachten 동 ~에 묵다
überweisen 동 송금하다
die Übung, die Übungen 명 연습
die Uhr, die Uhren 명 시계
die Uhrzeit, die Uhrzeiten 명 시간
um 전 ~주위에, ~에
die Umgebung, die Umgebungen 명 근교
der Umschlag, die Umschläge 명 봉투
um · steigen 동 갈아타다
um · ziehen 동 이사하다
unbedingt 부 꼭
und 접 그리고
die Universität(Uni.), die Universitäten 명 대학
unmöbliert 형 가구가 없는
uns 대 우리에게, 우리를
unser 대 우리의
unten 부 아래에
unter 전 ~ 아래에
der Untergeschoss, die Untergeschosse 명 지하층
der Unternehmer, - 명 기업가
der Unterricht (Sg) 명 강의
unzufrieden 형 불만스러운
der Urlaub, die Urlaube 명 휴가
die Ursache, die Ursachen 명 원인, 동기
die USA (Pl) 명 미국

V

variieren 동 변화시키다
die Vase, die Vasen 명 꽃병
der Vater, die Väter 명 아버지
der Vegetarier, - 명 채식주의자
die Verabredung, die Verabredungen 명 약속
das Verb, die Verben 명 동사
verbessern 동 향상시키다
verboten 형 금지된
verdienen 동 (돈)벌다
vergessen 동 잊다
verheiratet 형 결혼한
die Verkäuferin, die Verkäuferinnen 명 판매원(여)
vermieten 동 임대하다

verreisen 동 여행을 떠나다
verrückt 형 미친
verschieden 형 다른
die Verspätung, die Verspätungen 명 지각
verstehen 동 이해하다
verwitwet 형 홀아비/과부가 된
die Verzeihung 명 실례
viel 부 많이
Viel Erfolg/Viel Glück/Viel Spaß/Viele Grüße/Vielen Dank
vielleicht 부 아마
das Viertel, - 명 4분의 1
Viertel vor/nach
die Violine, die Violinen 명 바이올린
das Visum, die Visa 명 비자
der Vogel, die Vogel 명 새
der Vokal, die Vökalen 명 모음
der Volkswagen(VW), - 명 폴크스바겐
der Volleyball (Sg) 명 배구
das Vollkornbrot, die Vollkornbrote 명 잡곡 빵
von 전 ~의, ~로부터
von ~ bis ~ 전 ~로부터 ~까지
vor 전 ~ 전에
vorbei · kommen 들리다
das Vordiplom, die Vordiplome 명 디플롬 이전 과정
vorgestern 부 그저께
vor · haben 동 의도하다
die Vorlesung, die Vorlesungen 명 강의
der Vormittag, die Vormittage 명 오전
vormittags 부 오전에
der Vorname, die Vornamen 명 이름
vorne 부 앞에
vor · schlagen 동 제안하다
die Vorsicht 명 조심
das Vorstellungsgespräch, die Vorstellungsgespräche 명 면접
die Vorwahl, die Vorwahlen 명 지역번호

W

wach 형 깨어있는
der Wagen, - 명 차
wandern 동 도보여행하다
wann 부 언제
warm 형 따뜻한
warum 부/접 왜, 무엇 때문에
was 대 무엇
Was ist los?/Was für ein Brot?
das Waschbecken, - 명 세면대
waschen 동 씻다
die Waschmaschine, die Waschmaschinen 명 세탁기
das Wasser (Sg) 명 물
die Wassermelone
wechselhaft 형 변덕스러운
die Wegbeschreibung, die Wegbeschreibungen 명 약도
weg · fahren 동 떠나다, 출발하다
das Weihnachten, - 명 성탄절
die Weihnachtsfeier, die Weihnachtsfeiern 명 크리스마스 파티
der Wein, die Weine 명 포도주
weiß 형 흰색의
der Weißwein, die Weißweine 명 백포도주
weiter 부 계속해서
welch- 대 ↗ welches
welche? welches? 대 무엇을
die Welt, die Welten 명 세계
wem 대 누구에게
wen 대 누구를
die Wendung, die Wendungen 명 표현(법)
wenig 형 적은 수의
wenigst 형 가장 적은
wenn 부 언제 접 ~할 때에
wer 대 누구
werden 동 ~가 되다
werfen 동 던지다
der Westen (Sg) 명 서쪽

das Wetter (Sg) ⓜ 날씨
der Wetterbericht, die Wetterberichte ⓜ 일기예보
wie ⓑ 어떻게, 얼마나
wie bitte?/wie geht's?/wie lange/wie spät/wie viel
wieder ⓑ 다시
wieso ⓑ 어째서
willkommen ⓓ 환영하다
der Wind, die Winde ⓜ 바람
windig ⓗ 바람이 부는
wir ⓓ 우리
der Winter, - ⓜ 겨울
wissen ⓓ ~사실을 알다
wirklich ⓗ 실제로
witzig ⓗ 익살맞은
wo ⓑ 어디(에)
die Woche, die Wochen ⓜ 주
das Wochenende/der Wochentag
woher ⓑ 어디에서
wohin ⓑ 어디로
wohnen ⓓ 거주하다
der Wohnort, die Wohnorte ⓜ 거주지
die Wohnung, die Wohnungen ⓜ 집
die Wohnungsanzeige, die Wohnungsanzeigen ⓜ 부동산광고
das Wohnzimmer, - ⓜ 거실
wolkig ⓗ 구름이 낀
wollen ⓓ ~하기를 원하다
das Wort, die Wörter ⓜ 단어
wunderbar ⓗ 놀라운, 멋진
wünschen ⓓ 희망하다
die Wurst, die Würste ⓜ 소시지

Z

die Zahl, die Zahlen ⓜ 수
zahlen ⓓ 지불하다
zeigen ⓓ 가리키다, 보여주다
die Zeit, die Zeiten ⓜ 시간
die Zeitung, die Zeitungen ⓜ 신문
das Zentrum, die Zentren ⓜ 중앙, 도심
das Zimmer, - ⓜ 방
die Zitrone, die Zitronen ⓜ 레몬
zu ⓙ ~에, ~을 향해
zu salzig/zu teuer ⓑ 너무 ~한
zu zweit 둘이서
zum Beispiel (z.B.) 예를 들면
der Zucker (Sg) ⓜ 설탕
zufrieden ⓗ 만족스러운
der Zugdie Züge ⓜ 기차
der Zukunftsangst, die Zukunftsängste ⓜ 미래에 대한 두려움
zurück ⓑ 뒤로, 되돌아
zurück·kommen ⓓ 돌아오다
zusammen ⓑ 함께
zusammen·passen ⓓ 맞다, 적합하다
der zwanziger Euroschein ⓜ 20 유로 지폐
zweit 둘이서, 두번째(서수)
die Zwiebel, die Zwiebeln ⓜ 양파
zwischen ⓙ ~ 사이에

Viel Spaß mit Deutsch! A1

지은이 장혜순 이경규 홍순희
그림과 디자인 김경미
성우 Rainer Völlmerk

펴낸이 신일희
펴낸곳 계명대학교 출판부

초판1쇄 발행 2009년 8월 25일
초판2쇄 발행 2010년 9월 1일
초판3쇄 발행 2012년 8월 30일
초판4쇄 발행 2014년 2월 28일
초판5쇄 발행 2016년 2월 29일
초판6쇄 발행 2020년 2월 17일
초판7쇄 발행 2023년 3월 28일

주소 42601 대구 달서구 달구벌대로 1095
전화 053) 580-6233
팩스 053) 580-6235
홈페이지 www.kmupress.com

ISBN 978-89-7585-483-5 13750

듣기파일 음원은 출판부 홈페이지 자료실에 있습니다.

정가 17,000원